Egon Bahr · Der deutsche Weg

Egon Bahr

Der deutsche Weg

Selbstverständlich und normal

Karl Blessing Verlag

Umwelthinweis:
Dieses Buch und sein Schutzumschlag
wurden auf chlorfrei gebleichtem Papier gedruckt.
Die Einschrumpffolie (zum Schutz vor Verschmutzung)
ist aus umweltschonender recyclingfähiger PE-Folie.

Der Karl Blessing Verlag ist ein Unternehmen
der Verlagsgruppe Random House GmbH.

1. Auflage

Umschlaggestaltung: Design Team München
Satz: Uhl+Massopust, Aalen
Druck und Bindung: GGP Media, Pößneck
Printed in Germany
ISBN 3-89667-244-4
www.blessing-verlag.de

…nimm Abschied und gesunde.

Hermann Hesse

Inhalt

Offen gesagt

Offen gesagt: Ich kann im Irak-Krieg einen Gewinn sehen – ohne die menschlichen Tragödien zu vergessen und die politischen Probleme zu übersehen: Zum ersten Mal seit dem Ende des Ost-West-Konflikts hat in Deutschland eine leidenschaftliche Debatte über Macht und politische Interessen begonnen. Der Krieg, den wir nicht verhindern konnten, hat das Versäumnis des letzten Jahrzehnts beendet, zu disputieren und zu entscheiden, welche Außen- und Sicherheitspolitik das Land verfolgen soll.

Offen gesagt war es deprimierend, dass nicht einmal der völkerrechtswidrige Krieg gegen Jugoslawien bewirkt hat, die Chancen und Gefahren zu erörtern, die sich aus dem Ende der europäischen Spaltung ergeben. Schließlich hätten die Veränderungen durch die deutsche Einheit und das Ende der Sowjetunion ausreichen sollen, um abzuklopfen, welche bisherigen Selbstverständlichkeiten nicht mehr existieren und was das künftig für unser Wollen und Können bedeutet.

Offen gesagt ist es eigentlich erschreckend, dass erst die Schrecken des Krieges innerhalb weniger Monate ausgereicht haben, um über unseren Standort zu diskutieren, und zwar so normal wie andere Nationen. Es ist kaum bewusst geworden, dass diese Normalität der Vertretung eigener Interessen noch vor wenigen Monaten umstritten gewesen ist.

Offen gesagt finde ich es ermutigend, dass Deutschland die verklemmende Angst überwindet, die sich aus der Fixierung aus seiner Vergangenheit ergibt, und seinen Blick in die Zukunft richtet, in der es, unabweisbar, einen deutschen Weg geben wird.

Wenn sich die Lebenskurve neigt, liegt es nahe, die Erfahrungen von Jahrzehnten zu summieren, die man sammeln durfte. Das muss dann in einer Situation, in der Orientierung objektiv so schwer geworden ist, offen und deutlich formuliert sein, auch wenn das Ergebnis nicht jedem behagt.

Und dann muss man wohl am Anfang etwas von den Empfindungen und den Erlebnissen schildern, die einen zu dem Menschen von heute und seinem Denken über den deutschen Weg geformt haben.

Erinnerungen

Ende April 1945 erlebte ich in Berlin-Tegelort die Ankunft der Roten Armee. Es waren Tage ohne Zeitgefühl. Unsere Angst vor Rache, Plünderungen, auch die Vergewaltigung von Frauen; dem Gefühl nach eher besiegt als befreit. Unübersehbar, wohin der deutsche Weg geführt hatte. Aber stärker der Gedanke, dass jeder nach seinen Möglichkeiten nun dafür sorgen muss, dass eine solche Scheiße nicht wieder passieren kann. (Ich habe wirklich »Scheiße« gedacht.)

*

Einiges von dem, was aus dem Netz der Erinnerungen, das immer großmaschiger wird, hängen geblieben ist: die erste Begegnung mit amerikanischen uniformierten Kriegskorrespondenten vor dem Behelfsrathaus in der Parochialstraße. Einer fragte, ob ich auch Vergewaltigungen von Frauen erlebt hätte. Auf mein Ja drehte er sich auf dem

Absatz um und erklärte seinen beiden Kollegen: »Auch ein Nazi.« Merke: Auch Sieger können irren.

*

Captain Hans Wallenberg, emigrierter deutscher Jude, Chefredakteur der amerikanischen *Neuen Zeitung*, lud Ernst Lemmer, einen Mitbegründer der CDU, und mich zu einem Abend bei sich nach Hause ein. Das war ein Verstoß gegen das Fraternisierungsverbot. Der Mann hatte Zivilcourage. Unvergesslich bleibt sein Bekenntnis: Wenn er im Reich geblieben wäre, könne er nicht garantieren, ob er nicht auch Mitglied der NSDAP geworden wäre. Das war nicht nur gewinnend ehrlich, sondern wurde als Entlastung in der törichten Debatte über die deutsche Kollektivschuld verstanden.

*

Eines Tages meldet sich in der Redaktion ein Mann aus Aue bei Zwickau und berichtet, dass dort Uran gefunden worden ist. Der neue amerikanische Chef dämpft meine Begeisterung, dass wir am nächsten Tag eine Weltsensation melden könnten. Er will erst Washington informieren, bevor die Sowjets erfahren, dass die Regierung es schon weiß. Die Erfahrung, nicht immer sofort zu drucken, was dafür reif ist, ist die eine Seite, die andere ist die Überlegung, dass die Sowjetunion das Gebiet, das ihnen den Grundstoff für eine Atombombe liefert, wohl lange nicht freigeben wird. Außerdem bringt sie den Beweis, dass die beiden Großen unter der Oberfläche schon Gegner geworden waren.

*

Jakob Kaiser war der verehrte Vorsitzende der CDU in der sowjetisch besetzten Zone. Bewundert nicht nur als Mitverschwörer des Anschlags auf Hitler, den er nach dem 20. Juli in der Illegalität überlebt hatte, sondern weil er die deutschen Interessen gegenüber den Siegern in Ost und West schon 1945 formulierte und vertrat. Bei einem privaten sonntäglichen Mittagessen (Erbsensuppe) in seiner Wohnung am Rüdesheimer Platz verteidigte er seine Nachgiebigkeit gegenüber dem sowjetischen Druck auf eine Bodenreform: Er müsse seine Position in Berlin erhalten und behaupten, im deutschen Interesse einer Brückenfunktion zwischen Ost- und West-Europa, damit die Union nicht unter den bestimmenden Einfluss von »Adenauer, diesem Separatisten« falle. Das war lange bevor die zwei Währungen die zwei Staaten vorwegnahmen.

*

Wie einen Krimi habe ich einen der ersten rororo-Drucke auf dem groben Zeitungspapier der unmittelbaren Nachkriegszeit verschlungen: *Die Anatomie des Friedens*. So hieß das kulturpolitische Werk von Emery Reves, einem englischen Historiker. Sein Grundgedanke, am Ende des Zweiten Weltkriegs geschrieben, lautete: In der Geschichte sind Kriege zwischen Dörfern, Stämmen, Städten, Fürstentümern und Königreichen immer überwunden worden, wenn die kleineren Einheiten ihre Souveränität auf eine größere Einheit übertragen haben. Jedenfalls auf dem Sektor Sicherheit. Im Übrigen konnten sie ihre Eigenheiten und Interessen durchaus behalten. Alles, was in den folgenden Jahrzehnten in der europäischen Bewegung geschah, erschien mir historisch richtig und nötig. Reves setzte logisch fort: Sicherheit vor Krieg sei gemeinsames Interesse aller Staaten und könne nur durch eine für alle gleichermaßen gültige Ordnung garantiert werden. Eine vereinigte höhere Souveränität müsse die UN also befähigen, »eine gesetzliche Ordnung aufzurichten, innerhalb derer alle Völker gleiche Sicherheit genießen können und unter Recht und Gesetz gleiche Rechte und gleiche Pflichten haben«. Jedenfalls auf dem Sektor der Sicherheit. Im Übrigen solle jeder Staat seine gesellschaftlich entwickelten Traditionen pflegen, solange er sie nicht mit Gewalt exportieren will. Die Anatomie des Friedens wurde eine Richtschnur meines Denkens.

*

Zu der Zeit der Diskussion, ob de Gaulle sich aus der Organisation der NATO zurückziehen würde, begleitete ich Willy Brandt nach New York und nahm an einem privaten Abendessen teil, zu dem John McCloy eingeladen hatte. Der frühere Hochkommissar in Deutschland, zu seiner Zeit ein deutschfreundlich gesinnter Halbgott, forderte Brandt auf, dafür zu sorgen, dass Frankreich keinen solchen kapitalen Fehler mache. Brandt meinte, wenn Amerika das nicht schaffe, könne es Deutschland erst recht nicht. McCloy darauf ziemlich knapp und drohend: »Dann werden wir abziehen.« Ich erstarrte. Brandt lächelte und sagte: »Das glaube ich nicht.« In dem befreiten Lachen schwang mit, dass alle Beteiligten aus der Episode etwas gelernt hatten, über Grenzen des amerikanischen Einflusses und über Brandts Schlagfertigkeit.

*

Die Kathedralen der Raumfahrt erläuterte Wernher von Braun in Cape Canaveral dem Außenminister Brandt persönlich. Den Griff in den Weltraum, das neue Gebiet des menschlichen Eroberungsdranges, wird niemand mehr aufhalten. Beim Essen saß ich neben dem Stellvertreter von Brauns, auch ein ehemaliger Landsmann, und traute mich kaum, ihm die naive unwissenschaftliche Frage zu stellen: »Glauben Sie, dass es noch irgendwo menschliches Leben gibt?« Die Antwort: »Ich weiß es. Bei der unendlichen Zahl von Sonnensystemen, die wir noch gar nicht alle entdeckt haben, muss es viele Millionen von Planeten geben. Die mathematische Wahrscheinlichkeit, dass allein auf unserem Globus die Voraussetzungen für die Entwicklung intelligenten Lebens entstanden sind, ist gleich null.«

*

Gegen Ende der 1960er Jahre vereinbarte ich künftige regelmäßige Gespräche mit dem Planungsstab des japanischen Außenministeriums. Nach dem offiziellen Teil in Tokio lud uns der Kollege in ein Hotel auf dem Lande ein und war so fürsorglich, nach dem Essen die Fortsetzung (Trinken) in den Keller zu verlagern, wo die strapazierten europäischen Gelenke sich endlich erholen konnten. Zu vorgerückter Stunde machte sich bemerkbar, dass die deutsche Aufnahmefähigkeit für Alkohol etwas größer war als die japanische. Das Vertrauen stieg, und der japanische Kollege konnte sein Unverständnis über mein Land erläutern, weil es sich hatte bewaffnen lassen: Sein Land hätte jede Militarisierung verboten und deshalb unbehindert und ohne amerikanisches Misstrauen ihre friedliche Atomwissenschaft und ganz getrennt davon ihre Raketentechnik zur Erforschung der Atmosphäre entwickeln können. »Wenn es eines Tages nötig wird, können wir Raketen und das Atomare zusammenfügen.« Die Japaner kicherten bei den Ausführungen ihres Chefs, der die Worte fallen ließ, dass ein Japaner (damals 100 Millionen) es immer noch mit zehn Chinesen (damals eine Milliarde) aufnehmen könne. Dass Japan seinen weltweit bewunderten Wirtschaftsstandard nur erreichen konnte, weil es praktisch keinen einzigen Yen für Bewaffnung ausgegeben hatte, konnte von den Deutschen nicht widerlegt werden.

*

Bei der Erörterung über die Folgen der französischen Atomwaffe mit einem guten Bekannten im Pentagon wies ich auf das Misstrauen de Gaulles hin. Er sei nicht sicher, ob auf Amerika Verlass sei. Durch den Einsatz seiner Atomraketen könne er notfalls Amerika zwingen, Europa zu verteidigen. (Damals hätten die Sowjets technisch noch nicht feststellen können, woher die Atomraketen kommen.) Der Bekannte erwiderte: »Wenn wir beide in einem Keller sitzen, in dem offenes Dynamit liegt, und du willst dir eine Zigarette anzünden, dann werde ich dir das Feuerzeug aus der Hand schlagen. Auch wenn du mein bester Freund bist.« Ich zweifelte nicht an einer entsprechenden amerikanischen Zielplanung.

*

Andrej Andrejewitsch Gromyko war im Februar 1970 der erste sowjetische Außenminister, der nach Wjatscheslaw Michailowitsch Molotow die Einladung zu einem Mittagessen in der Residenz des deutschen Botschafters annahm. Den Kaffee danach durften wir im Salon stehend schlürfen. Gromyko fragte, wann mit der europäischen Union zu rechnen sei. Er meinte, wann denn zu fürchten sei, dass Europa einstimmig würde. Ich entgegnete: »Herr Minister, Wiedervorlage in 20 Jahren.« Er: »Meinen Sie das ehrlich?« Ich: »Ja.« Als ich das dem Bundeskanzler berichtete, kritisierte mich Brandt: »Du bist ein Defätist.« Inzwischen sind 33 Jahre vergangen. Nur Optimisten hoffen, es könnte in zehn Jahren gelingen. Die Weltgeschichte ist inzwischen nicht stehen geblieben.

*

Während der Verhandlung über den Grundlagenvertrag habe ich versucht, unseren europäischen Partnern in Brüssel die vorgesehene Wirtschaftsregelung zu erläutern. Nach ihr sollte der DDR, solange es sie gibt, jene Vorzugsbehandlung zugesichert werden, durch die sie mit einem Bein in der EWG war. Der Handel zwischen den beiden deutschen Staaten war »innerdeutsch« und wurde devisenfrei Mark (DM) gegen Mark (Ost) verrechnet. Aber da waren sich alle einig: Dem könnten sie nicht zustimmen. Das sei eine Verewigung einer für sie diskriminierenden Ungleichbehandlung. Gerade nachdem Bonn die DDR staatsrechtlich als unabhängigen Staat anerkennen werde, sei das der Augenblick, um für die unbegrenzte Zeit bis zur deutschen Einheit den anderen Mitgliedern der europäischen Gemeinschaft gleiche Rechte einzuräumen. Als kein Argument half, griff ich zum letzten Mittel und erklärte die Sache zum vitalen deutschen Interesse. Dagegen konnte nicht mehr diskutiert werden. Ein Glück, dass es noch keine Mehrheitsentscheidungen gab. Damit war das wirtschaftliche Sonderverhältnis gerettet, das im Interesse der beiden deutschen Staaten lag.

*

Das zweite Buch, das mir die Augen für eine weit reichende Dimension geöffnet hat, verdanke ich dem Zufall. Eines Morgens hatte ich in einer Magazinsendung des Rundfunks den Bericht über einen emigrierten deutschen Philosophen namens Hans Jonas gehört. Seine Idee, »das Prinzip Verantwortung«, war faszinierend. Die Menschheit müsse umdenken und dafür sorgen, dass die nächsten 10 oder 20 Generationen noch Raum für eigene Entscheidungen behalten und damit ihr Recht auf Geschichte. Die Menschheit stünde vor der Aufgabe, die Natur als Grundlage jedes Lebens zu bewahren. Aus Verantwortung dürfe sie nicht alles tun, was sie technisch könne. Als Bundesgeschäftsführer meiner Partei interessierte mich verständlicherweise auch, wer da eine Philosophie für die Grünen verfasst hätte. Als der kleine Mann einige Monate später das Hotelzimmer in New York betrat, mit jungen Augen und altem Gesicht, erfuhr ich, dass er weder die Ostpolitik kannte noch wusste, was die Grünen sind. Umso stärker wirkten die Ergebnisse der abstrakten Logik: Nur Verantwortung gestattet Hoffnung, das Fundament des Lebens erhalten zu können. Eigentlich müsste eine rot-grüne

Regierung deutlich machen, dass ihre Grundorientierung bei aller Reformnotwendigkeit erkennbar bleibt.

*

1982 legte die Palme-Kommission ihren Bericht »Gemeinsame Sicherheit« vor. Unter der Leitung des schwedischen Ministerpräsidenten besprachen ihre 16 Mitglieder aus aller Welt in einer Phase neuer Rüstungen und Spannungen (in Washington und London hatten Reagan und Thatcher ihr Amt angetreten) Möglichkeiten für mehr Sicherheit. Darunter war ein Vorschlag für Chemiewaffenfreiheit, beginnend in Mitteleuropa, der später verwirklicht wurde, nachdem sich herausstellte, dass die Amerikaner ihre Chemiewaffen aus der Bundesrepublik abziehen könnten, weil es sowjetische in der DDR nicht gab. Der Vorschlag eines atomwaffenfreien Korridors in Europa verschaffte allen Beteiligten das Bewusstsein, dass nur die beiden deutschen Staaten betroffen wären. Sie waren die einzigen atomaren Geiseln der Amerikaner und der Sowjets. Cyrus Vance, ehemaliger amerikanischer Außenminister, und Georgi Arbatow, Leiter des Amerika-Instituts in der sowjetischen Akademie der Wissenschaften, gaben ziemlich offen zu, dass sie ihre »zuständigen Behörden« konsultieren müssten. Das schien dem Amerikaner mehr Arbeit zu machen als dem Russen. Herauskam, dass ein Streifen von je 150 Kilometer längs der Grenze der beiden deutschen

Staaten atomwaffenfrei gemacht werden könnte, ohne die militärische Logistik und Planung zu sehr zu verändern. Dieser Begrenzung konnten beide zustimmen. Es war eine Erleichterung; die Befreiung von der Bedrohung kam erst später, nach der Einheit. Hoffentlich hält sie auf Dauer.

*

Der berechtigte Stolz auf die eigene Partei, der die Frauen in der Weimarer Verfassung das Wahlrecht verdanken und die Gleichberechtigung, die im Grundgesetz mit Druck und der Hilfe fortschrittlicher Frauen auch aus anderen Parteien verankert wurde, erhielt einen starken Dämpfer. Mit Beschämung hatte ich aus dem Buch *Sexismus* lernen müssen, wie tief in meinem männlichen Unterbewusstsein die Ungleichheit der Geschlechter schon im Sprachgebrauch eingewachsen war. Wenn der »Hausherr« einen Gast seiner »Hausdame« vorstellt, braucht das nicht seine »Frau« zu sein, obwohl sie vielleicht nicht die »Hausherrin« ist. Das »Fräulein« ist inzwischen fast verschwunden, aber bestimmt nicht, weil seine Entsprechung »Männlein« allenfalls als zärtlicher Diminutiv lebt. Die faktische Folgerung, den Frauen für eine Übergangszeit nach schwedischem Vorbild eine Quote an Mandaten zu sichern, lehnten unsere Frauen, aus Stolz, ab. Und alle verloren einige Jahre.

*

Nach Besichtigung des schnellen Atombrüters in Akadem Gorodok, einer Stadt für Wissenschaftler in der Nähe von Nowosibirsk, lenkte ich das Gespräch auf die Erforschung neuer chemischer und biologischer Waffen. Die Antwort des russischen Gelehrten: »Das machen wir nicht. Wir erforschen nur die Abwehr gegen solche Waffen.« In der Praxis bedeutet das natürlich keinen Unterschied. Den menschlichen Entdeckerdrang auf alles, was die Welt im Innersten zusammenhält, wird niemand mehr aufhalten. »Kann es sein«, fragte ich, »dass irgendein Versuch, während wir hier zusammensitzen, unkontrollierbar wird und zum Beispiel den Sauerstoff aus der Luft auffrisst?« »Das kann man nicht absolut ausschließen«, lautete die Entgegnung. »Die Amerikaner machen das auch, und wir haben volles Vertrauen, dass die amerikanischen Kollegen mit der gleichen Vorsicht und Verantwortung arbeiten wie wir.«

*

Bei einer Sitzung in Oslo, auf der Richard Perle anwesend war, wollte er, damals Staatssekretär im Pentagon, die Norweger davon überzeugen, dass die Pershing II und Cruise Missiles in Europa stationiert werden müssten. Ich: Das sei eine Desolidarisierung Amerikas von Europa; denn es gestatte den Versuch, im Ernstfall einen atomaren Krieg auf Europa beschränkt zu führen, um sein Sanktuarium zu verschonen. Das sei zwar im Interesse Amerikas, aber nicht im Interesse Europas. Ich dachte, er würde das entrüstet zurückweisen. Im Gegenteil aber erwiderte er: Das könne man so sehen.

*

Zur Kalkulation am Anfang der Ostpolitik gehörte, im Apparat des DDR-Regimes Menschen zu finden, die zu 51 Prozent ihrer Loyalität deutsch und nur zu 49 Prozent kommunistisch empfinden und handeln würden. Mitte der 1980er Jahre erörterte die Arbeitsgruppe von SPD und SED einen atomwaffenfreien Korridor für beide deutschen Staaten, den die Palme-Kommission vorgeschlagen hatte. Es war ein schöner Sommerabend in Dresden. Nachdem sich Hermann Axen, der Leiter der SED-Gruppe zurückgezogen hatte, blieb ich mit seinem Bürochef, Manfred Uschner, noch auf der Terrasse (bestimmt abhörsicher). Hellwach verfolgte ich die Ausführungen des Landsmannes: Wir müssten uns doch darüber klar sein, dass unsere großen Freunde auf beiden Seiten weniger der Freundschaft als ihren Interessen folgten. Sei es nicht an der Zeit, dass auch die beiden Deutschen beginnen sollten, sich über ihre Interessen zu verständigen und sie zu verfolgen?

*

Im Sommer 2002 nahm ich an einer Konferenz in Washington teil, die das »Deutsch-Amerikanische Historische Institut« über die nicht spannungsfreie amerikanische und deutsche Entspannungspolitik veranstaltete. Bei einem Essen in der deutschen Botschaft traf ich gute alte und junge Freunde. Wir sprachen so offen wie immer. Zusammenfassend mein Eindruck: Wenn der Präsident den Befehl gibt, könnte innerhalb von zwölf Tagen ein Kommandounternehmen gegen Bagdad durchgeführt werden, um Saddam zu killen oder herauszuholen. Da das zu riskant ist mit Blick auf die Zwischenwahlen am 6. November, ist die Entscheidung gefallen, den Krieg vorzubereiten mit dem Aufmarsch von 200 bis 250 Tausend Mann und der nötigen Logistik. Dazu sind vier bis fünf Monate Vorbereitung erforderlich. Diese Zeit lässt sich gut überbrücken durch Einschaltung der Vereinten Nationen. Diese Analyse war plausibel, die Leute, von denen sie kam, seriös. Ich nahm sie als Gewissheit zurück nach Berlin, wurde nie zweifelnd, als Bush im Oktober vor den UN erklärte, dass der Krieg noch zu vermeiden sei, auch nicht während der taktischen diplomatischen Manöver um eine neue Resolution. Mit meiner Voraussage, Ende Januar 2003 würde der Krieg beginnen, irrte ich nur, weil ich den Ramadan nicht berücksichtigt hatte und erstaunt war, wie viel Zeit sich Amerika ließ oder brauchte, um zu machen, was es mindestens sieben Monate zuvor beschlossen hatte.

Der deutsche Weg

Es gibt nur wenige Ausdrücke, die so abschreckend wirken wie »Der deutsche Weg«. Er weckt fatale Erinnerungen an das letzte Jahrhundert. »Am deutschen Wesen soll die Welt genesen«, lautete der Spruch des letzten Kaisers; seine Überheblichkeit und Arroganz verdunkelten den Blick für die realen Machtverhältnisse. Eine deutsche Mitschuld am Ersten Weltkrieg aus dieser Quelle ist kaum bestreitbar. Sie wurde eine Mitursache des Unglücks für Europa und seine Völker. Von da an ging's bergab mit dem weltpolitischen Gewicht des alten Kontinents.

Die zweite »verbesserte« Auflage des deutschen Weges führte zum Anspruch, Europa zu beherrschen. Der totale Krieg mit unvergesslichen Verbrechen legte Europa in Trümmer, eingeschlossen das eigene Land. Der Krieg kehrte zu seinem Ausgangspunkt zurück. Über Schuld konnte nicht mehr gestritten werden, angesichts der Millionen von Toten, Verstümmelten, Vertriebenen.

Diesmal waren sich alle Völker einig: Eine dritte deutsche Bedrohung sollte es nicht mehr geben können. Die Deutschen, wo immer sie lebten, empfanden das Gleiche fast lethargisch, als ob sie das alles nichts anginge. Die bedingungslose Kapitulation besiegelte nicht nur das Ende des Reiches und der Wehrmacht, sondern löschte auch alle Regungen deutscher Geltungsgelüste aus. 1945 wurde nicht gestritten, ob wir besiegt oder befreit worden waren, wie Jahrzehnte später.

Ich erinnere mich genau an das Gefühl beim Lesen des Potsdamer Abkommens vom August 1945: Das ist alles? Besetzt von den Siegern mit gänzlicher Entmilitarisierung: Was denn sonst? Förderung friedlicher und kontrollierter Wirtschaft ohne jede Waffenproduktion: Wer wollte etwas anderes? Geordnete Überführung der Menschen aus den Polen zugewiesenen Territorien: Gebietsverluste waren zu erwarten; Reparationen: das kannte man schon vom verlorenen Ersten Weltkrieg; Selbstverwaltung und zentrale Verwaltungsbehörden: also keine Teilung.

Das alles hätte man sich schlimmer vorstellen können. Der Titel des bald darauf gespielten Stücks von Thornton Wilder entsprach dem allgemeinen Gefühl: *Wir sind noch einmal davongekommen.*

Die verbliebenen Energien des Volkes richteten sich aufs Stillen des Hungers und eine trockene, vielleicht sogar warme Stube. Es war ganz angenehm, dass die Sieger uns abnahmen, uns mit den alten Nazis beschäftigen zu müssen oder mit der Entnazifizierung.

Umso leichter rannte das Programm der Umerziehung offene Türen ein. Die Reeducation wurde ein voller Erfolg: Die Tugenden einer zivilen und demokratischen Gesellschaft, das Recht auf die eigene Meinung, die Achtung vor der Meinung des anderen, der Respekt für die Entscheidung der Mehrheit – diese Wurzeln für ein Deutschland, das nicht mehr zu fürchten war, wurden damals gelegt. Was zunächst auch Anpassung gewesen sein mag, entwickelte sich im Laufe der Jahrzehnte zur Akzeptanz einer zivilen demokratischen Gesellschaft, gefestigt durch positive Erfahrungen.

Wir wollten wirklich keine Waffen mehr haben. Unvergesslich bleibt der Aufruf von Franz Josef Strauß, der deutsche Arm solle verdorren, der noch einmal nach einem Gewehr greift. Der Mann, der 15 Jahre später Verteidigungsminister werden sollte, meinte es ehrlich. Die Umstände hatten sich geändert.

In den fünf Jahren zwischen 1945 und 1950 vollzog sich ein grundlegender Wechsel der weltpolitischen Landschaft. Bei Kriegsende wurden Deutschland Beschränkungen auferlegt, die eine deutsche Aggression ein für alle Mal unmöglich machen sollten. Dieses Ziel blieb unverändert, auch nachdem die Kriegskoalition auseinander brach und von den Ost-West-Gegensätzen abgelöst wurde. Erst der Koreakrieg ließ das Undenkbare denken: Deutschland wieder zu einem Element der Sicherheit in Europa zu machen – machen zu müssen. An diese Revolution mussten die Menschen beiderseits des Atlantiks, Politiker und Meinungsmacher eingeschlossen, erst gewöhnt werden.

Noch ein Jahr zuvor, 1949, war ein Grundgesetz unter der Patronage der Drei Mächte genehmigt worden. Die demokratischen Eltern hatten ihre Kinder an die Hand genommen. Das Grundgesetz sah für die Bundesrepublik keine Streitkräfte vor. Deutsche Unzufriedenheit darüber regte sich nicht.

Erst als die Deutschen gebraucht wurden, weil ohne sie eine glaubwürdige, ausreichend starke Verteidigung gegen den konventionell überlegenen Osten nicht denkbar war, zeigte sich, wie erfolgreich die Umerziehung gewesen ist. Adenauer hatte Schwierigkeiten in der eigenen Partei, als er ungefragt mehrfach deutsche Soldaten anbot. Sein Innenminister Heinemann trat unter Protest aus dem Kabinett aus, weil die deutsche Wiederbewaffnung der Wiedervereinigung schaden würde. Was die Glocke geschlagen hatte, erkannte Adenauer früher als die Sozialdemokraten, die das »ohne mich« probten, auch aus Sorge um die Wiedervereinigung, während der Kanzler die Wiederbewaffnung zur Mehrung des deutschen Gewichts und zur unlöslichen westlichen Einbindung nutzte. Diesmal waren die Deutschen an ihrer Remilitarisierung nicht schuld.

Die im Osten auch nicht. Dort ging es systemgemäß reibungsloser zu. Nach der kasernierten Volkspolizei wurde die Nationale Volksarmee aufgestellt, mit öffentlich organisierter Zustimmung und – aus psychologischen Gründen – dem altbekannten Uniformschnitt der Wehrmacht. Nur den deutschen Stahlhelm wollte man auf beiden Seiten den Blicken der jeweiligen neuen Verbündeten nicht zumuten.

Die nun notwendige Änderung des Grundgesetzes verlangte das Zusammenwirken von Koalition und Opposition. Das ging auch ohne große Koalition. Die leidenschaftlichen Debatten konzentrierten sich darauf, den Konstruktionsfehler der Weimarer Republik zu verhindern. Die Bundeswehr durfte nicht wie die Reichswehr Staat im Staate werden und musste der politischen zivilen Kontrolle unterstellt werden; die innere Führung schuf das Bild und die Rechte für den Bürger in Uniform; Soldaten sollten Missstände bei dem Wehrbeauftragten des Parlaments vorbringen können. Das alles hat sich dann über Erwarten durch die Jahrzehnte bewährt.

Man könnte wenngleich übertrieben sagen: Damals fing der Ärger mit dem deutschen Weg schon an. Militär ja, da unbedingt erforderlich, aber es sollte möglichst nicht militaristisch sein. Ein Mitarbeiter des amerikanischen Hochkommissars, Absolvent von West Point, kam nach einem Besuch bei der Bundeswehr zu dem Schluss, dass die amerikanische Militärakademie und nicht die neue deutsche Armee das letzte Bollwerk von Friedrichs (des Großen) preußischer Disziplin sei. Wir wollten die Truppe auch nicht so schnell aufstellen, wie die Amerikaner es wünschten. General Gruenther, der amerikanische Oberbefehlshaber in Europa, fürchtete, »die Qualität der Soldaten der neuen deutschen Streitkräfte würde womöglich nicht so hoch sein wie die der Soldaten des Zweiten und Dritten Reiches«. Die USA haben jedenfalls das Modell der »Inneren Führung« nicht übernommen.

Willy Brandt drückte das Dilemma einmal so aus: Die Bundeswehr soll stark genug sein, die Sowjetunion zu beeindrucken, aber nicht so stark, dass Luxemburg sich sorgen muss. In der Mathematik mag es schwer sein, die Quadratur des Kreises zu lösen; in der Politik gelingt das mit einer einfachen Formel und, zugegeben, schwieriger Durchführung. Die Formel lautete: doppelte Eindämmung.

Die Politik der doppelten Eindämmung

Für die Politik der Westmächte stellte sich die Aufgabe, die Eindämmung der Sowjetunion mit der Eindämmung der Bundesrepublik zu verbinden: die große Gefahr abwenden und dabei die kleine Gefahr nicht zu einer akuten werden lassen. Über die erste Aufgabe konnte in aller Öffentlichkeit gesprochen werden, und man tat es, solange es die Sowjetunion noch gab (und vielleicht ein bisschen auch noch gegenüber Russland). Über die zweite Aufgabe wurde weit gehend Schweigen bewahrt, beiderseits des Atlantiks in beiderseitigem Interesse. Vielleicht gilt das auch ein bisschen noch gegenüber dem vereinten Deutschland.

Verständlicherweise hatten die westlichen Behörden zunächst Zweifel, ob Deutschland bereits ausreichend genug reformiert war, um Vorschriften außer Kraft zu setzen, nach denen Fechtvereine als paramilitärische Organisationen und der Besitz und die Herstellung von Jagdwaffen verboten waren. Aber der Aufbau einer Armee konnte den künftigen Verbündeten nur unter Bedingungen annehmbar gemacht werden, die für die Deutschen diskriminierend waren, aber den Deutschen nicht so erscheinen sollten.

Der beste Weg wäre die von Frankreich vorgeschlagene Europäische Verteidigungsgemeinschaft (EVG) gewesen. Sie hätte die gesamten deutschen Streitkräfte, leichter bewaffnet, mit Teilen der französischen integriert, unter französischem Kommando. Es wäre der Kern einer Europäischen Armee gewesen, die es noch immer nicht gibt. Leider hat die französische Kammer den Vertrag abgelehnt. Wenn es denn noch einmal nötig sein sollte, die Söhne Frankreichs zu den Waffen zu rufen, dann würden sie für Frankreich, aber nicht für Europa zu sterben bereit sein – das war ein Hauptargument Ende August 1954.

Die politischen Verrenkungen aller Beteiligten nachzuzeichnen, zwischen 1950 und 1955, bis die Bundeswehr als gleichberechtigtes Mitglied, das nicht gleichberechtigt sein durfte, in die NATO aufgenommen wurde, würde hier zu weit führen. Nur als kurioses Beispiel: Im Juni 1950 erließ die »Hohe Alliierte Kommission« das Gesetz zur Verhinderung der deutschen Wiederaufrüstung; zwei Monate später billigte die Mehrheit des Europarats den Vorschlag Churchills, eine Europäische Armee unter Einbeziehung deutscher Kontingente zu schaffen.

Als Instrument der qualitativen Diskriminierung akzeptierte Deutschland vor seinem Beitritt in die NATO den WEU-Vertrag, dem auch England beitrat. Sein Kern war für uns das Verbot des Besitzes schwerer Waffen, Bomber, größerer Marineschiffe einschließlich U-Booten und die Einrichtung einer ständigen Kontrollbehörde. Es dauerte Jahrzehnte, ehe diese später wohl auch wirtschaftlich motivierten Einschränkungen beseitigt wurden. Außerdem verzichtete die Bundesrepublik auf die Herstellung atomarer, chemischer und biologischer Waffen. Es fiel nicht auf, dass Besitz und Erwerb dieser Massenvernichtungswaffen im WEU-Vertrag nicht verboten wurden. Das machte erst später Ärger (siehe Seite 38).

Allein die Streitkräfte der Bundeswehr wurden voll in die Kommandostrukturen der NATO integriert; sie blieben ohne eigenen Generalstab, waren also nicht selbstständig zu großen Operationen führungsfähig. Für kein anderes Land gab es eine der deutschen vergleichbare Sonderrolle. Sie galt bis zum Ende des Ost-West-Konflikts. Als die Umstände sich abermals änderten, gab die NATO 1999 ihren bis dahin reinen Verteidigungscharakter auf und behielt sich vor, ihre Interessen auch außerhalb des Bündnis-Territoriums (outside area) aktiv wahrzunehmen. Seither führt die Bundeswehr von Potsdam aus ihre Einsätze außerhalb der NATO selbstständig wie alle anderen Mitglieder des Bündnisses. Aber noch einmal: Das Unbehagen war 1955 nur zu verständlich vor dem Hintergrund einer Vergangenheit, die noch sehr frisch war. Der Feind von gestern als Verbündeter von morgen: Das war gewöhnungsbedürftig.

Eine solche Sonderrolle wurde keinem anderen Land in Europa auferlegt. Sie bleibt ein Stück des unverwechselbaren und unvergleichbaren deutschen Weges nach dem Krieg. Es gibt keinen Grund, über diese Besonderheit zu klagen: Nicht nur, weil das Kriegsende nur zehn Jahre zurücklag oder der Zweifel in den Erfolg der Umerziehung verständlich gewesen ist. Ein ganz klein wenig schlechtes Gewissen der Sieger könnte, unhörbar, eine Rolle gespielt haben, nachdem Nachrichtendienste, Technik und Intelligenz aus dem Dritten Reich ziemlich skrupellos ausgebeutet wurden, während dem Volk Entnazifizierung verordnet war. Der damals umgehende Witz der Besiegten lästerte: Wenn der Sputnik und sein amerikanischer Kollege sich im Weltraum anpiepsten, könnten sie eigentlich deutsch reden.

Ungleich elementarer wirkte die Mischung von Angst, Sorge, Unbehagen vor der unerklärlichen Kraft dieser Deutschen. »Eure einmalige Kraft beunruhigt«, sagte mir ein polnischer Freund vor wenigen Jahren. »Diese Energie, die nicht totzukriegen ist«, fügte er hinzu. 15 Jahre nach Versailles begann aus der kleinen Reichswehr die Wehrmacht zu wachsen, und fünf Jahre später konnte sie zur Beherrschung Europas ausholen. Nach der zweiten, nun totalen Niederlage zeigte sich dieses Volk fähig, das deutsche Wunder zu schaffen, mit einem Lebensstandard, der andere fragen ließ, wer denn eigentlich den Krieg gewonnen habe.

Ich vergesse nicht das Gespräch mit einem sowjetischen Partner Anfang 1970. Wie denn die große und mächtige Sowjetunion Sorge haben könnte vor der kleinen und schwachen Bundesrepublik, meinte ich und erhielt zur Antwort: »Ihr Deutschen habt uns fast umgebracht. 1945 lagt ihr am Boden. Nur zehn Jahre später habt ihr wieder Streitkräfte aufgestellt. Nur zehn Jahre später hattet ihr die stärkste konventionelle Armee in Westeuropa. Was wird zehn Jahre später sein, vielleicht als Schwert Amerikas?« Konnte man Malraux verargen, wenn er erklärte, er liebe Deutschland so sehr, dass er es zweimal haben möchte? Der italienische Ministerpräsident Andreotti war nicht weniger ehrlich, als er es bei der deutschen Teilung belassen wollte.

Die Politik der doppelten Eindämmung hieß aus deutscher Sicht: Sicherheit vor Deutschland und Sicherheit für Deutschland. Die NATO löste diese theoretisch unlösbare Aufgabe, Sicherheit für Liechtenstein mit der Sicherheit vor der Sowjetunion zu verbinden, und zwar unter voller Nutzung des bundesdeutschen Potentials. Das funktionierte, solange es die Sowjetunion gab. Nachdem die Sowjetunion sich aufgelöst hatte, verschwand die Bedrohung, also dieser Teil der NATO-Aufgabe, Sicherheit für Deutschland zu produzieren. Es blieb die Funktion der Kontrolle Deutschlands.

Sie erwies sich als Schlüssel zur Einheit. Die entscheidenden Verhandlungen fanden am 30. Mai 1990 zwischen den beiden Staaten statt, die über die Macht zur Entscheidung verfügten: Präsident Bush und Präsident Gorbatschow regelten das allein, von ihren Außenministern begleitet, ohne den französischen Präsidenten, die britische Premierministerin, den Bundeskanzler und den Staatsratsvorsitzenden. Das durchschlagende Argument des Amerikaners: Wenn die Sowjetunion ihre Elite-Armee aus Ostdeutschland abgezogen haben wird, ist sie zu schwach, Deutschland zu kontrollieren. Das können nur wir, die Amerikaner, mit dem Instrument der NATO. Der Russe konnte sich diesem Argument nicht entziehen, weil es stimmte (und noch immer stimmt). Seinem verständlichen Interesse, NATO und Amerikaner dürften ihm nicht auf den Pelz rücken, kamen Bush und sein Außenminister Baker entgegen. Sie sagten zu, dass keine fremden Truppen und keine Atomwaffen auf dem Boden der ehemaligen DDR stationiert würden. So ist es bis heute. Die gespaltene Sicherheitsstruktur des vereinten Deutschland stört nicht. »Deutschland liegt an der Leine«, formulierte Baker in seinen Erinnerungen *Drei Jahre, die die Welt veränderten*. Das stört auch nicht.

Der deutsche Weg hatte vier Monate später zum Wunder der friedlichen Vereinigung geführt. Die Nachbarn mussten sich keine Sorgen machen. Die verbleibenden Sonderregelungen schmerzten nicht. Deutschland war wirklich friedliebend geworden. Das Ziel der Sieger von 1945 deckte sich mit dem deutschen Ziel und Interesse: Nie wieder sollte und konnte Kriegsgefahr von der Mitte Europas ausgehen. Und Deutschland blieb friedlicher, als es sich im Jahre 2003 manche unserer Verbündeten wünschen.

Auf der deutschen Ebene ist die Politik der Stärke durch Waffen endgültig vorbei. Präziser: Es hat sich als lohnend erwiesen, nicht um eine Gleichheit der Bewaffnung zu kämpfen, die Schumacher 1951, durchaus kein Pazifist, in seinem nationalen Stolz zu der Forderung gebracht hatte, dass die Deutschen nicht nur die Fußtruppen stellen sollten. Die Ungleichheiten, unter denen wir nur NATO-Mitglied werden konnten, beruhigten die Verbündeten und wirkten erzieherisch auf uns: Es kann deutschen Interessen nützen, nicht wehrlos, aber militärisch schwach zu sein.

Die deutsche Wiederbewaffnung fand zu einer Zeit statt, in der Amerika die meisten seiner Boys nach Hause geholt hatte. Die konventionelle Schwäche der USA führte zur Überlegung, dass im Falle des Überschwappens des Korea-Konflikts auf Europa nur Atomwaffen »helfen« konnten.

Sofort begannen sich auch Deutsche zu regen. Vor dem Hintergrund der Erinnerung an das Erstgeburtsrecht der Atomspaltung in Berlin-Dahlem spekulierte Strauß über europäische Atomwaffen, natürlich mit deutscher Beteiligung. Adenauers törichte Äußerung, es handele sich nur um eine Weiterentwicklung der Artillerie, alarmierte 18 deutsche Atomphysiker im »Göttinger Manifest« 1957 zur öffentlichen Warnung. Gerade der qualitative Unterschied zwischen konventionellen und atomaren Waffen ließ Frankreich beschleunigt seine eigene Bombe entwickeln. Diese Überlegenheit gegenüber der Bundesrepublik sollte erreicht und bleibend gesichert werden. De Gaulle stellte in der ihm eigenen Prägnanz ein atomares Gesetz fest: Niemand teilt die Verfügungsgewalt über eine Waffe, die über das Schicksal der eigenen Nation entscheidet. Eine europäische Atommacht wird es nicht geben.

Die Amerikaner wollten wenigstens den äußeren Anschein einer Beteiligung, gewissermaßen künstliche Bräune ohne Sonne, für alle, die sich den Gefahren der ungefilterten Sonne besser nicht aussetzen sollten. Sie erfanden die Multilaterale Flotte mit Atomwaffen (MLF), deren Schiffe mit Matrosen der Verbündeten bemannt werden sollten, darunter auch deutsche. Natürlich stellte sich schnell heraus, dass garantiert nur ein amerikanischer Finger den Atomknopf drücken konnte. Die Köche und Stewards zu stellen, war nicht attraktiv. Die Flotte sank, bevor sie schwamm. Das de Gaullesche Gesetz konnte auch durch gut gemeintes Theater nicht außer Kraft gesetzt werden. Die USA folgten der französischen Maxime und konzentrierten im Weißen Haus das Monopol nuklearer Entscheidung. Es entsprach der Größe der Verantwortung, den atomaren Befehlsstrang beim Präsidenten anzusiedeln. Moskau organisierte sich analog.

Das Atomwaffenmonopol konnte nur unverhüllt über einen internationalen Vertrag behauptet werden, durch den alle Nichtbesitzer sich verpflichten sollten, Habenichtse zu bleiben. Bei den Verhandlungen über den Vertrag zur Nichtverbreitung dieser Massenvernichtungswaffen (NPT) stellte sich zu meiner Überraschung heraus, dass deutsche Diplomaten eine Hintertür offen halten wollten. Die BRD hatte auf »Herstellung«, nicht aber auf »Besitz und Erwerb« verzichtet! Da waren sich alle Atommächte einig: Die Deutschen durften über derartige Waffen nicht verfügen. Die Lücke wurde für alle Nicht-

Atom-Staaten durch den Nicht-Verbreitungs-Vertrag geschlossen. Die kluge, schnelle, außerdem unausweichliche Folgerung: Die sozial-liberale Regierung trat dem Vertrag noch 1969 bei, ungeachtet der Warnung von Strauß, es handele sich um ein »Super-Versailles«.

Wenn aber die konventionelle Überlegenheit des Warschauer Pakts nur durch taktische Atomwaffen ausgeglichen werden sollte, mussten auch deutsche Verbände entsprechende Waffen erhalten und für diese neue Strategie einsetzbar sein. Die Bundeswehr erhielt also die Träger, aber nicht die Sprengköpfe. Die blieben in amerikanischer Hand und sollten im Ernstfall zugeführt, aber nur abgeschossen werden können, wenn neben dem deutschen Schlüssel ein amerikanischer das Kommando zum »Feuer« freigab. In meinem Wahlkreis Schleswig-Flensburg habe ich ein solches kafkaeskes Lager besichtigt: In der Mitte bewachten Amerikaner ihre Sprengköpfe, damit die Deutschen nicht herankönnen, und darum herum bewachten die Deutschen die Amerikaner, damit ihnen nichts passiert durch Atomwaffengegner. Es konnte nicht ausbleiben, dass unsere Soldaten, unabhängig von ihrem Rang, wenn sie zur Übung in die vorgesehene Feuerstellung am Nord-Ostsee-Kanal rückten, realisierten, dass die Reichweite ihrer Waffe nicht einmal bis zum DDR-Gebiet ging. Die Bundeswehr hätte also im Ernstfall Lübeck oder Hamburg atomar zerstören sollen. Das warf Gewissensfragen auf.

Erzwungene Singularitäten

Die deutsche Singularität, die sowjetische mit der deutschen Eindämmung zu kombinieren, wurde nirgendwo greifbarer. Sie war schon in Berlin, ohne dass es uns bewusst gewesen wäre, durchexerziert worden, als der Senat nach dem Bau der Mauer 1961 die eigene Polizei zum Schutze der Mauer einsetzen musste, die Studenten in die Luft sprengen wollten. Es sollte nicht zu gewaltsamen Auseinandersetzungen kommen. Nicht einmal Feuerschutz durften unsere Beamten den Menschen geben, die über die Mauer wollten, was nach unserer Auffassung ihr gutes Recht war. Niemand brachte deshalb den Senat wegen unterlassener Hilfeleistung vor Gericht, denn er befolgte nur die Weisungen der Schutzmächte. Die wollten keinen Krieg in Deutschland, und das war nicht nur richtig, sondern entsprach den eigenen Interessen.

Deshalb durfte auch die Bundeswehr nicht bis an die Zonengrenze, und die Bundesluftwaffe befolgte den Befehl, sich in ausreichendem Abstand zur Grenze des Warschauer Pakts zu halten. Unsere Verbündeten wollten kein Risiko eingehen, zu erproben, wie weit – Blut ist dicker als Wasser – einzelne Kommandeure vielleicht versucht wären, ihren Landsleuten auf der anderen Seite, von der Lage abhängig, zu Hilfe zu kommen: Den Ungarn konnte man nicht helfen, 1956, aber falls nebenan bei den Brüdern und

Schwestern etwas Vergleichbares wie der Aufstand am 17. Juni 1953 virulent würde …

Gewissensfragen strapazierten nicht nur Soldaten. Ich empfand tiefen Respekt für Bundeskanzler Helmut Schmidt, als er einmal sehr leise sagte, er habe einen Eid geleistet, Schaden vom deutschen Volk abzuwenden, und würde im Ernstfall den Befehl geben, den amerikanischen Befehl zum atomaren Einsatz nicht zu befolgen.

Ich empfand die Singularität bedrückend, dass allein in der BRD 1983 Pershing-II-Raketen stationiert wurden und danach sowjetische Kurzstreckenraketen in der DDR – Deutschland als potentielles atomares Exerzierfeld. Es ist uns erspart geblieben, auf diese Art den deutschen Weg in den Abgrund zu gehen.

Im Laufe der 1960er Jahre hatte sich die politische Landschaft für Deutschland grundsätzlich verändert. Die gegenseitige atomare Bedrohung hatte eine Umkehrung von Rang- und Reihenfolge bewirkt oder sogar erzwungen. Die gängige deutsche Position, ohne Wiedervereinigung kein dauerhafter Friede, wurde von den Westmächten durch das Gegenteil ersetzt: Stabilität und Sicherheit dürfen durch die deutsche Frage nicht gefährdet werden. Adenauers Kalkül, die militärische Integration und die politische Ankopplung an die USA würden uns der Wiedervereinigung näher bringen, war strategisch umgekehrt worden: Die deutsche Frage durfte nicht mehr ernsthaft aufgeworfen werden, weil sie die Stabilität gefährdet hätte. Umso eifriger und häufiger bat Bonn die Drei Mächte um die Bestätigung, sie seien für die Wiedervereinigung, und umso formelhafter kamen diese dem nach; das kostete nichts und war für die praktische Politik ohne Belang. Die Bundeswehr fungierte als Mitgarant von Stabilität, Sicherheit und Teilung. Es stimmte eben: Frieden war wichtiger als Selbstbestimmung.

Vielleicht konnte es gelingen, Frieden mit zunehmender deutscher Selbstbestimmung zu kombinieren. In West-Berlin, dem ohnmächtigsten Teil, gelang eine kleine Fingerübung für einen kleinen Schritt. Passierscheine brachten Menschen wenigstens für einige Stunden zusammen, die durch die Mauer getrennt worden waren. Niemand hatte uns geholfen, niemand hatte es verhindert. Bezahlt wurde das erste Beispiel einer geduldeten deutschen politischen Selbstständigkeit mit der Akzeptierung der DDR, die noch gar nicht so genannt werden durfte, als kompetenter Partner. Ein Tabubruch. Die Formel »Wandel durch Annäherung« stellte eine methodische Anregung für eine Politik in Deutschland dar, die einen selbstständigen deutschen Beitrag zur Entspannung in Europa leisten könnte.

Die deutsche Ostpolitik fand, singulär als deutsches Wort, Aufnahme in vielen Sprachen. Das Konzept habe ich Henry Kissinger, dem Sicherheitsberater Präsident Nixons, erläutert, bevor es sehr allgemein in der Regierungserklärung der neuen sozial-liberalen

Koalition verkündet wurde. Diesen deutschen Weg zur erweiterten Selbständigkeit hätte Washington verhindern können.

Zum ersten Mal nach dem Kriege wurde im Weißen Haus erklärt, dass die deutsche Regierung eine neue Politik beschlossen habe und entschlossen sei, sie auch zu machen. Dass Washington sehr bewusst als erster Partner zwar informiert, aber – auch erstmalig – nicht konsultiert wurde, wurde erstaunlich ruhig, jedenfalls nicht beleidigt, entgegengenommen. Ausgerechnet mit den Sowjets fangen unsere Deutschen an, flügge zu werden, mag Kissinger gedacht haben. Sein Misstrauen konnte nicht ausgeräumt werden, verständlich bei der natürlich aufleuchtenden Erinnerung an dubiose deutsch-sowjetische Gemeinsamkeiten in der Vergangenheit und dem Zweifel, ob Bonn wirklich alles bedacht hatte. Außerdem komplizierte das Ganze die amerikanischen Überlegungen zur Beendigung des Vietnamkrieges, was nicht ohne Moskau und Peking zu verwirklichen sein würde. Auf der anderen Seite wusste Kissinger, auch ohne das Bild des späteren Nachfolgers Baker zu kennen: Bonn blieb an der Leine, durch Verträge, Interessen und nicht zuletzt die realen Machtverhältnisse gebunden. Es war ein kalkulierbares Risiko, die Leine etwas länger und diese Deutschen mal erproben zu lassen, wie weit sie mit ihrem kuriosen Gewaltverzicht in Moskau kommen würden. Es bleibt Washington hoch anzurechnen, dass die deutsche

Regierung mit amerikanischer Rückendeckung ihren neuen Weg 1970 beginnen konnte.

Die Sowjetunion gewann durch den Moskauer Vertrag im August 1970 die Aussicht auf einen interessanten Mitspieler im Westen, der die sowjetische Hegemonie im Osten respektierte. Aber »seinen« Deutschen ließ Moskau deutlich weniger Spielraum, drängte auf verschärfte Abgrenzung und wusste, warum: Die DDR sollte nicht auf den Geschmack kommen und Entspannung zu eigenständig und zu weit treiben. So waren die Deutschen – mit großen Unterschieden – auf beiden Seiten gebunden. So zeigten sich zuletzt alle mit dem Ergebnis zufrieden: Der Status quo zwischen den Lagern wurde bestätigt, der Brief zur deutschen Einheit reservierte das deutsche Recht auf Selbstbestimmung und wurde sogar Teil des Moskauer Ratifizierungsverfahrens. Dennoch wurde er dort nicht ernster genommen als die gleichen Beteuerungen der Westmächte. Auf dieser Grundlage erschien der Zuwachs an Gewicht der Bundesrepublik nicht gefährlich, zumal unter einem Friedensnobelpreisträger als Bundeskanzler.

Bei den Vier-Mächte-Verhandlungen über Berlin wurde der bestimmende deutsche Einfluss noch stärker. Wir hatten keine Kompetenzen in Berlin, das rechtlich kein Teil der Bundesrepublik war, aber vitale Interessen. Keine der Vier Mächte wollte eigentlich etwas ändern. Sie ließen sich überzeugen von einem deutschen Konzept, das ihre Interessen voll berücksichtigte, mit dem Ergebnis, dass sie zum ersten Mal nach dem Kriege eine Vereinbarung am Brennpunkt des Kalten Krieges nicht ohne die Mitwirkung der beiden deutschen Regierungen abschließen konnten.

Die beiden deutschen Staaten wurden Mitglieder der Vereinten Nationen, ohne dass dies die unkündbaren Siegerrechte über Deutschland und Berlin ändern konnte. Wir hatten unsere Möglichkeiten bis an die Grenzen unserer eingeschränkten Souveränität ausgedehnt und genutzt. Ohne sich darauf zu berufen, war das Strauß-Wort befolgt worden: »Niemand kann deutscher sein als die Deutschen.« Wenn sie ohne Überheblichkeit die eigene Kraft richtig einschätzen, werden sie sogar zu stiller Führung fähig.

Seit den Passierscheinvereinbarungen über den Moskauer Vertrag bis zum Grundlagenvertrag mit der DDR war bewiesen worden, dass die Deutschen bei aller militärischen Schwäche Entspannung in Europa und für Europa bewirken können; im Rückblick auf die bedingungslose Kapitulation und die beginnende Staatlichkeit vier Jahre später war 1971/72 die damals größtmögliche deutsche Selbstbestimmung erreicht worden, ein Markstein in der Entwicklung.

Kohl als Beobachter aus der Opposition und Genscher als Nachfolger des Außenministers Scheel hatten die Bedeutung dieses gewaltigen Kapitals verstanden. Es musste gemehrt und verzinst werden bis zu jenem unbestimmbaren Tag, an dem unsere Spekulation sich bestätigte, mit der Entspannung den

Prozess zur Einheit eingeleitet zu haben. Sie schafften das bis zu jenem Augenblick, der in der Logik des deutschen Nachkriegsweges den theoretisch letzten kleinen Schritt bedeutete: die Wiederherstellung der vollen deutschen Souveränität. In der Praxis war es eine bedeutende Leistung und ein geschichtlich großer Schritt.

Bis zum Ende des Zweiten Weltkriegs war der deutsche Weg selbst zu verantwortende Geschichte. Danach wurde uns der Weg gewiesen. Wir wurden gegangen. Adenauer folgte dem Schillerschen Begriff der Freiheit: Ich will, weil ich muss. Brandt lotete den selbstbestimmten Weg bis an die Grenze der eingeschränkten Souveränität aus. Kohl hatte die Souveränität, bevor das Land sie zurückerhielt, mit Gorbatschow die Truppenstärke des Vereinten Deutschland von 600 000 auf 370 000 zu senken.

Empörung darüber gab es im Westen nicht, eher wohl das Gefühl der Erleichterung, dass diese Deutschen, wenn sie schon vereinigt werden, dem Rest Europas nicht unverdaulich umfangreiche Streitkräfte zumuten.

Unsere Nachbarn waren dem Irrtum erlegen, der Umerziehung nicht trauen zu dürfen. Sie hatten nicht bemerkt, dass der Friedenswille primärer Eigenwille war, der Reeducation nicht gebraucht hätte.

Die totale Niederlage des Reiches hatte seinen zermürbten Bewohnern das Kreuz gebrochen. Mehr als die bedingungslose Kapitulation wirkte das Bewusstsein der moralischen Schuld. Man wollte nichts mehr wissen von dem ganzen Kram, Soldaten, Waffen, Krieg und Machtpolitik. Die kollektive Erinnerung an den tiefen Einschnitt ist bis heute spürbar. Sie ist ein deutsches Gewächs, das der Trümmer- und Totenlandschaft entsprossen ist.

Die Umerziehung war unentbehrlich, um Demokratie und Recht auf Widerspruch zu lernen. Die Kombination aus eigener Friedensliebe und gelerntem Widerspruch erleben wir Anfang des neuen Jahrhunderts. Da beschimpfen einige die Deutschen, weil wir uns so verhalten, wie man uns am Ende des Krieges haben wollte.

Zu diesem Zusammenhang konnten nur wichtige Stationen der Nachkriegsentwicklung analysiert werden, soweit sie für den zentralen Komplex von Macht und Sicherheit vor und für Deutschland und seine Sonderstellung bedeutsam waren. Ostdeutschland blieb dabei am Rand. Doch wenn vom deutschen Weg die Rede ist, darf der singuläre Beitrag der Ostdeutschen nicht übersehen werden. Wir haben uns 1953 nicht vorstellen können, dass es zu einem offenen Aufbegehren gegen die SED-Regierung kommen könnte, sogar zu der öffentlichen Forderung nach freien Wahlen. Deutsche gaben das erste Zeichen der Unzufriedenheit im sowjetischen Imperium. Polen, Ungarn, Tschechen und Slowaken folgten erst 1956 und 1968. Die Phantasie reichte nicht aus am 17. Juni jenes Jahres, ebenso wenig wie 1989, als wir am 8. November nicht ahnten, was am 9. November geschehen würde. Noch fremder war die Idee, dass mit dem Ende der DDR der Anfang vom Ende des sowjetischen Imperiums und der Freiheit für die Völker Osteuropas begonnen hatte.

Natürlich muss die Geschichte nicht umgeschrieben werden, aber die Tatsachen sollten wir in unser Bewusstsein heben. Durch Druck von unten war die sowjetische Vorherrschaft nicht abzuschütteln. Vielleicht war die gleichgültige Passivität im Westen sogar eine Voraussetzung für beide Ereignisse. Im ersten Fall scheiterte der Erfolg nur an den sowjetischen Panzern, im zweiten Fall war der Erfolg sicher, weil die sowjetischen Panzer in den Kasernen blieben. In beiden Fällen hat der kleinere, bedrängtere Teil unseres Volkes Geschichte gemacht.

Ein US-Oberst bemerkte, als Amerika seine letzten Truppen aus Berlin abzog: »Was wir hier in Berlin, in Deutschland und in der Nachkriegszeit vollbracht haben, war das Beste, was die Vereinigten Staaten jemals getan haben.« Das war vielleicht eine Übertreibung in Bezug auf die Geschichte seines Landes, aber den historisch vollen Erfolg für Europa bezeugt ein Deutschland, das demokratisch gefestigt seinen Weg nun selbständig gehen kann.

Der amerikanische Weg

Amerika ist die erste und einzige Globalmacht in der Geschichte. Sie allein kann an jedem Punkt des Globus die ihr notwendig erscheinende militärische Macht einsetzen, auch an zwei oder drei Stellen gleichzeitig, ohne die Stärke ihrer Positionen weltweit zu schwächen. So dominierend das Römische Reich und China regional gewesen sind, Spanien und Großbritannien ihren Herrschaftsbereich, in dem die Sonne nicht unterging, ausdehnen konnten: Die Technik ihrer Zeit setzte Grenzen, die erst jetzt weggefallen sind.

1987 hat der britische Wissenschaftler Paul Kennedy in seinem Standardwerk die Gesetzmäßigkeiten von *Aufstieg und Fall der großen Mächte* untersucht und ist zu dem Ergebnis gekommen, dass der Niedergang immer begann, wenn die militärischen und wirtschaftlichen Kräfte überdehnt wurden; wenn also mehr gewollt als gekonnt war oder die Länder träge wurden oder nicht verhindern konnten, dass andere technisch und wirtschaftlich ebenbürtig oder besser wurden. Die Explosion technischer Fähigkeiten, besonders in den letzten 50 Jahren, haben den Zeitbedarf schrumpfen lassen, um Informationen aus allen Teilen der Welt zu gewinnen, um Streitkräfte innerhalb von Stunden über gewaltige Entfernungen zu verlegen. Die früher natürlichen Grenzen von Meeren und Gebirgen sind relativ geworden, seit der Luftraum beherrschbar wurde und alles aus dem Weltraum überwacht werden kann.

Mit anderen Worten: Zum ersten Mal haben wir es mit einer Weltmacht zu tun, die alle Voraussetzungen zur selektiven Weltherrschaft erfüllt. Das hatten wir bisher noch nicht in der Geschichte. Insoweit gibt es doch etwas Neues unter der Sonne. Es wird unerhört spannend sein, zu beobachten, wie die Welt mit dieser Erstmaligkeit umgeht.

Es kommt ein weiterer Faktor dazu. Amerika ist jung und hungrig geblieben. Nach seinem Sieg im dritten Weltkrieg – auch Kalter Krieg genannt – hat es sich nicht bequem zurückgelegt, um die Friedensdividenden zu genießen. Es hat dort nie jene weltfremde deutsche Diskussion gegeben, ob nun die Friedens- und Konfliktforschung überflüssig geworden sei. Dort wusste man: Nachdem die Gefahr einer atomaren Selbstzerstörung mit dem Ende der Sowjetunion nicht mehr zu fürchten ist, sind viele kleine Kriege wieder möglich. Ohne die Disziplin der beiden Blöcke kann man sich kleine Konflikte wieder

»leisten« – das Risiko ist begrenzt. Nun fängt Geschichte erst richtig an.

Im Sommer 1996 haben 20 Amerikaner aus eigenem Antrieb eine »Kommission für Nationale Amerikanische Interessen« gebildet und für den nächsten Präsidenten, wie immer der im Herbst heißen würde, ihre Analyse formuliert. Es war eine exzellente Nutzung der Wahlkampfzeit. Etwas Entsprechendes erwies sich in der deutschen Atmosphäre des Sommers 2001 als undurchführbar, während durchaus nicht absehbar war, wie der nächste Bundeskanzler heißen würde. Die Kommission war aus Persönlichkeiten zusammengesetzt, die auf wichtigen Posten in demokratischen und republikanischen Administrationen und in Wissenschaft und Wirtschaft Erfahrungen gesammelt hatten, die hinter verschlossenen Türen arbeitete und die große Genugtuung erlebte, dass die beiden Präsidenten seither dieser Orientierung gefolgt sind; denn die Analyse der nationalen Interessen stimmte und ergab eine ehrliche, schlüssige und haltbare Konzeption.

Um den verständlichen Wunsch durchzusetzen, die einzige Supermacht zu bleiben, unterschied die Kommission zwischen vitalen, herausragenden, wichtigen und sekundären Interessen. Kurz gefasst, stand an erster Stelle die Verhinderung eines Angriffs mit atomaren, biologischen oder chemischen Waffen. Dann folgte das Ziel, zu verhindern, dass sich in Europa oder Asien eine feindlich gesinnte Führungsmacht entwickelt oder eine bedeutende Macht mit der Fähigkeit, die Meere zu kontrollieren. Herausragend war die Betonung der Spitzenstellung für militärisch relevante Schlüsseltechniken. Erst unter den wichtigen Interessen erschien die Aufgabe, massive Menschenrechtsverletzungen zu verhindern, amerikanische Bürger vor Terrorismus zu schützen oder Freiheit und Demokratie in strategisch wichtigen Staaten zu fördern.

Machtsicherung und Machtausbau rangieren vor Demokratie und Menschenrechten. Das ist ehrlich. Der Vorwurf der Heuchelei kann nicht erhoben werden. Unter ihren Verfassern waren übrigens der frühere Sicherheitsberater von Präsident George Bush, Brent Scowcroft, die heutige Sicherheitsberaterin des Präsidenten George W. Bush, Condoleezza Rice, und der Stellvertreter des Außenministers Colin Powell, Richard Armitage. Wenn man von dem unvorstellbaren Angriff entstaatlichter Gewalt absieht, wie er durch gekaperte Passagierflugzeuge am 11. September 2001 stattfand, würde das Konzept heute wohl den Terror graduell höher setzen, aber die Grundstruktur der Interessen nicht zu verändern brauchen. Ich finde das, mit den Augen eines früheren Leiters eines Planungsstabs betrachtet, eine professionell hervorragende Leistung. Die Studie blieb in der deutschen Öffentlichkeit praktisch unbeachtet.

Ein Jahr später, 1997, veröffentlichte Zbigniew

Brzezinski, Sicherheitsberater Präsident Carters, unter der Überschrift *Die einzige Weltmacht* sein Buch über *Amerikas Strategie der Vorherrschaft.* Er definierte als wichtigste Aufgabe die Kontrolle des eurasischen Kontinents; ohne sie könnte Amerika seine führende Rolle verlieren. Übrigens definierte er Westeuropa nicht besonders schmeichelhaft, aber korrekt als Protektorat seines Landes. Westeuropa sah er machtpolitisch als gesicherten Besitzstand, der die kritische Aufmerksamkeit Amerikas wohl kaum erfordern würde.

Die Hypermacht war vor dem 11. September geplant

2001 begann die Präsidentschaft von George W. Bush. Nach den üblichen sechs Monaten der Bestandsaufnahme stellte der stellvertretende Verteidigungsminister, Paul Wolfowitz, dem Streitkräfteausschuss des Senats im Sommer 2001 ein atemberaubendes Programm vor. Unter dem Titel »Die Große Abschreckung« sollte es jedes Land entmutigen, sich auf einen militärischen Machtwettlauf überhaupt einzulassen. Die USA würden, sobald es die Entwicklung der Produktion ermöglicht, kontinuierlich neue, zum Teil exotische Waffen in ihren Streitkräften einführen, zu Lande, auf See, in der Luft und im Weltraum. Zu diesem gigantischen Programm gehören neue kleine und kleinste Atomwaffen, Raketenabwehrsysteme und Waffen im Weltraum, die durch Laser jeden Punkt auf dem Globus angreifen können.

Als ich den Wortlaut las, störte mich nicht so sehr die wachsende Diskrepanz in der technischen Ausstattung der Landstreitkräfte zwischen Amerika und Europa mit der Folgerung, dass beide immer weniger gleichwertig nebeneinander einsetzbar werden. Auch die neuen Atomwaffen dürften wohl mehr für die globalen Bedürfnisse der USA gedacht sein, obwohl nicht auszuschließen ist, dass Amerika sich vorbehält, seine Truppen, wo immer sie stationiert sind, mit allen Waffen auszustatten, über die es verfügt. Das würde in Europa Verträge berühren, durch die solche Waffen abgeschafft wurden, auf die alle stolz waren und sind. Außerdem könnte sich die delikate Frage ergeben, ob die neuen Mitglieder der NATO einbezogen werden, damit innerhalb Europas Deutschland kein atomares Sonderprotektorat wird.

Aufregender war die Raketenabwehr. Sie warf in meinen Augen fundamentale Fragen für Europa auf. Es geht nicht um die weit reichenden Systeme, die zwischen Washington und Moskau behandelt werden, sondern um solche kurzer und mittlerer Reichweite gegen Raketen, die Schurkenstaaten unbestritten in den nächsten 10 bis 15 Jahren entwickeln könnten. Die Raketenabwehr könnte ein Spaltpilz für Europa werden, wenn Europa darauf nicht geschlossen reagiert. Das aber ist in den letzten zwei

Jahren nicht wahrscheinlicher geworden. Wenn England und Italien, die Türkei und vielleicht Polen positiv votieren und die Haltung von Paris und Berlin nicht einheitlich ist, dann würde das Langzeitwirkungen für den europäischen Motor haben. Sofern aber Paris und Berlin einheitlich solche amerikanischen Systeme ablehnen, würde das Europa auch politisch spalten, und zwar politisch und strategisch für lange Zeit.

Die Installierung neuester Spitzentechnik würde nicht nur gut sein zur Abwehr von Raketen, die in den nächsten Jahren nicht anfliegen, sondern wäre ein neues Element militärischer Dominanz Amerikas über Europa. Daneben würden Bestrebungen einer europäischen Identität mit einer eigenen Verteidigungskomponente zur Lächerlichkeit schrumpfen. Geostrategisch würde es für Washington zu einer ziemlich untergeordneten Frage werden, ob Paris und Berlin ihre Kräfte bündeln. Wann und wie es gelingt, dass Europa mit einer Stimme spricht, wäre relativ unerheblich angesichts der qualitativ neuen militärischen Überlegenheit von Systemen, die kurzfristig auch nicht wieder abgebaut werden können. Außerdem würden sie eine neue sicherheitspolitische Grenze zwischen dem Gebiet schaffen, das unter ihrer Glocke liegt, und dem Gebiet außerhalb ihrer Reichweite. Das wäre also das Gegenteil einer gesamteuropäischen Sicherheitsstruktur.

Die damalige Aufforderung, die NATO-Verbündeten sollten sich mit dem Gedanken anfreunden und mitmachen, also die amerikanischen Systeme stationieren lassen, wenn die Technik reif ist, beantwortete die Bundesregierung zutreffend: Die Voraussetzungen für eine Entscheidung sind nicht gegeben. Seither ist es still um die Raketenfrage geblieben. Das wird nicht mehr lange so bleiben. Es wird dann umso wichtiger sein, dass die Bundesregierung auf eine gesamteuropäische Regelung drängt; die russische Regierung hat ihre Beteiligung, also auch ihre Bindung für das Problem der Raketenabwehr angeboten.

Im Sommer 2001 war ich der Auffassung, dass dieses Programm zwar praktisch einen fundamentalen Angriff gegen erklärte europäische Interessen darstellt, aber nicht böse gemeint ist. Nicht ein unfreundlicher Akt gegenüber Europa, sondern nur das Ergebnis der Selbstverständlichkeit, mit der Amerika seine Politik gesicherter Überlegenheit fortsetzen will, analysierte ich in einem Kreis Interessierter. Man hielt das Ganze für nicht sehr wahrscheinlich. Das Programm der »Großen Abschreckung« blieb in der deutschen Öffentlichkeit praktisch unbeachtet.

Knapp drei Monate später, am 11. September 2001, sah die Welt, zum Teil live, die Bilder der Ereignisse, die Amerikas Traum der Unverwundbarkeit zerstörten.

Nach einigen Stunden der Lähmung durch einen Feind, dessen möglichen weiteren Schlägen das Land praktisch wehrlos ausgeliefert sein könnte, reagierte

Washington überraschend schnell. Entgegen der jahrelangen Herabsetzung der UN erklärte man: »Wir brauchen die Vereinten Nationen.« Das Gewaltmonopol des Staates konnte durch derartige Schläge entstaatlichter Gewalt potentiell jedes Land destabilisieren. Aus gemeinsamem Interesse trafen sich praktisch alle Länder zu einer »Allianz gegen den Terror«. Dieses weltweite Bündnis ohne Vertrag hat Staaten – islamische eingeschlossen – offen und verdeckt zusammenarbeiten lassen, die sich vorher als Gegner betrachtet haben. Die bisherigen Gegensätze und Interessenunterschiede existieren weiter, sind aber deutlich gemildert und der »Allianz« untergeordnet. Hoffnung auf weltweite Kooperation unter dem Dach der Vereinten Nationen statt der herrischen amerikanischen Unipolarität keimte auf. Doch diese Hoffnung lebte nur wenige Tage.

Dann setzten sich das genuine Interesse und die Psychologie durch: Schock, Demütigung der Weltmacht und Opfer verlangten Vergeltung. Bush drückte die Stimmung der Menschen aus: »Wut und Entschlossenheit«. Für kurzfristig sichtbare Erfolge stand nur das Instrumentarium zur Verfügung, über das Amerika im Überfluss verfügte, die Streitkräfte. Aber selbst, wer viel hat, möchte mehr und Besseres haben. So wurde das Programm der »Großen Abschreckung« beschlossen, einschließlich der zusätzlichen Haushaltsmittel, um es zu beschleunigen. Die Terroristen hatten der Administration geholfen, eine gigantische

Rüstung zu beginnen, fast ohne Debatte im Kongress und dem Ausland. Dort haben viele geglaubt, es sei eine Antwort auf den 11. September, was in Wirklichkeit lange vorher als Instrument zur langfristigen Durchsetzung amerikanischer Interessen entwickelt worden war.

In Wirklichkeit hat El Qaida unbeabsichtigt noch mehr zu Gunsten Amerikas bewirkt: Die Mehrzahl der Menschen und Staaten verabscheuen fundamentalistische, unberechenbare Gewalt zur Zerstörung ihrer gewohnten Lebensordnung und scharen sich in der Gefahr um den Stärksten. Die »Allianz« gegen den Terror stärkte Amerika. Politisch war es weltweit nie stärker als am 12. September, nachdem sich seine Verletzbarkeit gezeigt hatte. Der »Krieg gegen den Terror« schuf zudem ein weltweit akzeptiertes Motto, unter dem Amerika seine nationalen Interessen verfolgen kann.

Schließlich wurde Amerika zum größten unmittelbaren Profiteur des 11. September: Früher als Brzezinski es sich vorstellen konnte, ist Amerika zu einer Macht in Asien geworden. Es konnte in Republiken, die früher am Südrand der Sowjetunion gelegen haben, Stützpunkte einrichten, von denen aus es seine technisch militärische Überlegenheit zum Tragen bringen kann. Das garantiert noch nicht die erwünschte Kontrolle des asiatischen Kontinents, aber garantiert, dass mindestens in Zentralasien und dazu in allen Ländern, die sich für diese Region interessieren, der politische Faktor der amerikanischen Präsenz berücksichtigt werden muss. Es wäre ein Wunder, wenn strategische Köpfe in den Vereinigten Staaten nicht daran denken würden, dass China, potentiell die nächste Supermacht, plötzlich Amerika auch hinter seiner kontinentalen Westgrenze erblickt. Was in amerikanischen Gehirnen die Lust, dort zu bleiben, nur erhöhen kann.

Usbekistan hat sich am schwersten getan, Amerika Stützpunkte einzuräumen. Es hat zunächst von Washington die Zusage verlangt, die es nicht geben konnte, Mitglied der NATO zu werden. Aber wahrscheinlich hat nicht erst Usbekistan die geostrategischen Denker am Potomac auf die Idee gebracht, eine große Konzeption zu entwickeln: Schließlich ist nie definiert worden, wo die Grenzen der Osterweiterung der NATO liegen.

Wenn man dafür sorgen kann, dass die NATO sich in Afghanistan engagiert, vielleicht auch im Irak einen Teilabzug der amerikanischen Kampftruppen erleichtert, dann wird sogar plausibel, Georgien die erwünschte Mitgliedschaft zu geben. So wie Rumänien die Lücke des NATO-Gebiets von der Ostsee bis zum Schwarzen Meer geschlossen hat, wäre es strategisch sinnvoll, wenn sich die Gelegenheit bietet, Staaten mit einer Brückenfunktion an die NATO zu binden. Dem Bündnis würde nur verstärkt eine im Prinzip schon nicht mehr neue Rolle zugewiesen: weniger ein militärisches Instrument von Abschreckung oder Bedrohung, sondern ein Bündnis der politischen Stabilität, durch die Macht Amerikas gedeckt und gelenkt. Stabilität in diesen potentiell explosiven Regionen wäre ein allseits gewünschter, bedeutender Wert. Darauf könnte Amerika zu Recht verweisen, auch wenn dabei eigene Vorteile »abfallen« und die Sorgen um Menschenrechte und Demokratie nicht im Vordergrund stehen dürften.

Große Ziele zu setzen ist Amerika gewohnt. Am Ende des Zweiten Weltkriegs wurde es sich bewusst, machtpolitisch Nummer eins in der Welt zu sein, ohne es zu proklamieren; milder formulierte erst Kennedy: second to none. Faktisch wurde der Kampf gegen Moskau organisiert. NATO, Marshallplan, Weltbank, Weltwährungsfonds waren Instrumente, denen Europa viel zu verdanken hat, die aber gewiss nicht den amerikanischen Interessen widersprachen, stärker zu werden.

Der erste Mensch wurde zum Mond und gesund zurückgebracht. Die größte Herausforderung, die Sowjetunion, verschwand friedlich von der Weltbühne. Die einzige Weltmacht war geboren. Sie konnte ihre Überlegenheit mit der offenen Absicht krönen, ihre militärische Macht uneinholbar zu machen.

Das Ziel der Unverwundbarkeit hatte durch den Terrorismus einen gewaltigen Rückschlag erlitten. Nun wird der Terrorismus zum zentralen Feind, der besiegt werden muss, um die Unverwundbarkeit zu erreichen. Dazu muss man imperial und großräumig denken, also anders als Europa.

In den ersten Tagen nach dem 11. September hat Amerika nicht nur seine Reaktionsfähigkeit gezeigt, sondern bewiesen, wie es eine ganz neue unerwartete Situation nutzt und aus Schwäche Stärke macht. Die Spitzen der Administration haben aus sehr unterschiedlichen Charakteren und Verantwortungen (Präsidentenberaterin Condoleezza Rice, Vizepräsident Cheney, Außenminister Powell, Verteidigungsminister Rumsfeld und CIA-Chef Tenet) eine Gruppe gebildet, die Führung durch den Präsidenten brauchte und ihn stärkte, indem er zwischen den vorgelegten Alternativen entscheiden musste. Das Krisenmanagement war Achtung gebietend. Ist der unsichtbare Feind lokalisierbar, und wie kann man ihn schnell und wirksam treffen? In vielen Dutzenden von Fragen auf sich zurückgeworfen und für die Unmittelbarkeit der Entscheidungen erst recht, ergab das eine Einstellung des Teams (das außerdem dichthielt), wonach der Starke am stärksten allein ist. Anders als Europa.

Bereits zwei Wochen nach dem 11. September war entschieden, dass man militärisch gegen Afghanistan vorgehen würde und nicht gegen den Irak. Gegen den Irak sprach die Wahrscheinlichkeit, dass wichtige Länder die Allianz gegen den Terror verlassen würden und dass es keine Beweise für eine Verbindung zwischen Saddam Hussein und Bin Laden gab. Es blieb geheim, dass für den innersten Kreis in Washington ein Krieg gegen den Irak fast so selbstverständlich aus dem 11. September abgeleitet wurde wie der Krieg in Afghanistan. Das war ein Grund, warum 18 Monate nach der weltweiten Solidarisierung im Kampf gegen den Terror der Krieg gegen den Irak die solidarische Unterstützung zerbrach und weltweite Proteste auslöste. Die amerikanische Reaktion auf den 11. September bietet ein Paradebeispiel für eine besondere Eigenschaft großer Mächte. Sie ergreifen Gelegenheiten, auch wenn sie ohne ihr Zutun entstehen, um ihren Machtbereich zu erweitern.

Rom wollte kein Weltreich werden, nachdem es sich Italien unterworfen hatte. Aber da gab es noch Länder an den anderen Ufern des Mittelmeeres, durch die es sich wirklich oder potentiell herausgefordert fühlte. Als diese Bedrohungen beseitigt waren, stellten sich neue an den Rändern der Herrschaftsgebiete in Gallien, Germanien und jenseits von Judäa und Phönizien heraus. Joseph Schumpeter schrieb 1919 über das Römische Imperium: »Es gab keinen bekannten Winkel der bekannten Welt, wo nicht irgendein römisches Interesse angeblich gefährdet war oder gerade angegriffen wurde. Waren es nicht römische Interessen, so waren es die von Verbündeten. Und wenn es völlig unmöglich war, solch ein Interesse zu ersinnen – nun, dann war eben die nationale Ehre beleidigt worden. Der Kampf war stets von einer Aura der Legitimität umgeben… Die ganze Welt war voller Feinde, und es war Roms offenkundige Pflicht, sich gegen ihre zweifellos aggressiven Pläne zu schützen.«

England wollte keine Weltmacht werden, als es sich zur Versorgungssicherheit der Insel verständlicherweise seine Seewege freihalten wollte. Dann stellte sich heraus, dass Stützpunkte an den Rändern anderer Erdteile dafür noch nützlicher waren und übrigens auch vorteilhaft. Die Logik führte zu seinem weltweiten Ausgreifen.

Die Amerikaner hatten keine Weltmachtgelüste, als sie die Ufer des Stillen Ozeans erreichten. Der Krieg gegen Mexiko erweiterte ihr Territorium. Die Öffnung Japans konnte erzwungen werden. Der Krieg gegen Spanien wies schon den Weg zu den Philippinen. Samoa nützte als strategischer Stützpunkt. Hawaii bot sich als Brücke zum China-Handel an. Die Stichworte für die verfolgten geostrategischen Interessen, die schon imperialistisch genannt werden könnten, zeigen eine Entwicklung, die letztlich das Bestreben zum Isolationismus überwand und ihn gegenstandslos gemacht hat.

Es ist, als ob solche Länder in ihren Organen ein geschichtsträchtiges Adrenalin erzeugen, das sie antreibt, Wachstumshormone hervorbringt und ihre Instinkte leitet. Das ist eine Droge, für die es keine Entziehungskur gibt. Amerika wird diesem Antrieb folgen. Es gibt keinen Grund zu stoppen, keinen Willen und auch keine innere Bereitschaft.

Es gibt noch einen weiteren Faktor. Im Jahre 1900 hatte Amerika die weltgrößte Produktionskraft erreicht; sie überstieg die des Deutschen Reiches und Frankreichs zusammengenommen. 100 Jahre später fand es sich als erste Weltmacht wieder. Als einzige bedeutende Nation haben die Vereinigten Staaten das Jahrhundert bruchlos überstanden. Mit der Ausnahme der Wunde Vietnam, die fast vernarbt ist. Russland, China, Japan, Indien, Spanien, Polen, Deutschland, Frankreich und England mussten tiefe Brüche ihrer Geschichte, zum Teil mehrfache Änderungen ihrer Systeme, Verfassungen, des internationalen Einflusses hinnehmen. Viele Länder suchen nun nach ihrer neuen Rolle. Ehemalige Kolonien üben sich in der Nationenbildung. Zahlreiche Völker diskutieren über ihre Identität oder müssen verlorene Wertvorstellungen ersetzen.

Ganz anders die amerikanische Nation. Sie hat ihre Identität. Nach dem unaufhaltsamen Aufstieg durch das letzte Jahrhundert braucht sie nicht über ihre Werte zu diskutieren, mit denen sie so erfolgreich war. Sie ist selbstsicher und überzeugt, dass für die Welt nicht schlecht sein kann, was für Amerika gut ist. Ein Organismus, ganz unanfällig gegen Selbstzweifel.

Amerika hat Sendungsbewusstsein. Die Überzeugung, Gottes eigenes Land zu sein, ist so verinnerlicht, dass es ganz unbekümmert die Operation gegen Afghanistan als »Unbegrenzte Gerechtigkeit« benannte, was Christen als göttliche Anmaßung verstehen können. Washington korrigierte daraufhin mit der Begründung, es wolle die religiösen Empfindungen des Islam nicht verletzen, zu »Dauerhafter Frieden«. Präsident Bush drückte seine Überzeugung aus, »dass Gott Amerika diese Stärke verliehen hat, um den Frieden in der Welt herzustellen«. Und ergänzte in einem Interview: »Ich werde die Gelegenheit ergreifen, große Ziele zu erreichen. Es gibt kein größeres Ziel, als Frieden auf Erden zu erreichen.«

Das alles ist nicht mehr weit entfernt von der Vision: Ich forme die Welt nach meinem Bild. Das ist die folgerichtige Konsequenz des amerikanischen Weges.

Die neue Doktrin

Präsident Kennedy hat formuliert: »Die Menschheit muss dem Krieg ein Ende setzen, sonst setzt der Krieg der Menschheit ein Ende.« Präsident Bush hat formuliert: »Unsere Sicherheit wird von allen Amerikanern Entschlossenheit verlangen, zur Verteidigung unserer Freiheit und unseres Lebens auch Präventivschläge durchzuführen.« Gleichzeitig fordert er, die hegemoniale Stellung der Vereinigten Staaten zu festigen, indem die militärische Stärke und die amerikanische Präsenz in Afghanistan und Pakistan über

Zentralasien bis zu den Philippinen konsequent ausgebaut wird.

Die Zeitspanne von 40 Jahren zwischen zwei Präsidenten umfasst einen imposanten Bogen amerikanischen Denkens: Der eine bezieht sich auf Verantwortung gegenüber der Menschheit, der andere auf Verantwortung Amerikas; der eine ist vom Gleichgewicht des Schreckens bestimmt, für den anderen gibt es dieses Gleichgewicht nicht mehr; der eine will Kriege beenden, der andere will Kriege nutzen; der Repräsentant der Supermacht zieht Hoffnung und Zuneigung auf sich, der Repräsentant der Hypermacht weckt Sorge vor Hypermut.

Alle amerikanischen Präsidenten der Nachkriegszeit verfolgten das Ziel der Überlegenheit. Diese Politik ist abgeschirmt, solange sie über das Monopol der Atomwaffen verfügt. Sie wird begünstigt durch praktische Unangreifbarkeit, ein Resultat der glücklichen geographischen Lage zwischen den großen Ozeanen. Sobald die Sowjetunion Ende der 1950er Jahre Interkontinentalraketen mit Atomsprengköpfen in Dienst stellt, wird Amerika zum ersten Mal verwundbar und sieht sich ohne Abwehrmittel. Der Schock damals, dem 11. September ähnlich, ist gemildert, weil der potentielle Feind rational denkt und selbst getroffen werden kann. Aber Washington reagiert, indem es seine Strategie der massiven Vergeltung durch die der flexiblen Antwort ersetzt. Im Besitz des Monopols konnte Moskau mit massiver

Vergeltung gedroht werden, wenn es die durch Verträge markierte Region amerikanischer Interessen verletzen sollte. Selbst verletzbar geworden, ist es nicht mehr glaubwürdig, dass New York riskiert werden könnte, wenn es einen Übergriff gegen West-Berlin gibt. Die neue Strategie nimmt die uneingeschränkte Drohung zurück und erklärt, Amerika bestimmt jeweils, ob, wo und wie es begrenzt atomar reagiert. Das hat in der Praxis gereicht, weil die Qualität der atomaren Schwelle immer noch hoch genug blieb. Aber es war schon ein Stück Abkopplung Amerikas von der Schicksalsgemeinschaft mit »seinem« Teil Europas.

Gleichzeitig wurde es unausweichlich, mit Moskau über ein Gleichgewicht verhandeln zu müssen. Die Reduktion der Rüstung auf beiden Seiten wurde erstrebenswert, weil keine zusätzliche Anhäufung weiterer Waffen die Fähigkeit der gegenseitig gesicherten Zerstörung beseitigen konnte. Die Hoffnung auf Sieg durch Krieg war ausgelöscht. Die Disziplin der Blöcke beruhte auf der funktionierenden Abschreckung.

Die damalige Abschreckung war Selbstbindung, eine Partnerschaft mit dem Gegner, dem Lebensgefühl der amerikanischen Elite ganz fremd. Was Wolfowitz nun die »Große Abschreckung« genannt hat, lehnt jede Selbstbeschränkung ab. Das Gleichgewicht ist weg. Kein Partner wird mehr gebraucht. Die unbegrenzte Überlegenheit, vom eigenen Willen und der eigenen Fähigkeit bestimmt, soll jeden Staat entmutigen, an militärische Herausforderung auch nur zu denken. Das atemberaubende Ziel dieser Doktrin führt zu einem Zustand, in dem man Waffen gar nicht mehr einsetzen muss, um das eigene Interesse durchzusetzen. Stabilität wird durch uneinholbare Überlegenheit garantiert. Das ist die Pax Americana.

Eine solche Doktrin verlangt einen Gegner, der größer ist als die Sowjetunion. Ihr Ende hat niemand »gedacht«. Während die Sowjetunion existierte, verbot sich eine derartige Doktrin. Da kam der 11. September gerade recht. Bis der Sieg über den Terror verkündet werden kann, dürfte noch einige Zeit vergehen. Aber selbst wenn dieser Sieg gelingt, ist das nächste Ziel schon formuliert: die Demokratisierung der Welt. Das dürfte noch etwas länger dauern. Das große Ziel Amerikas ist ein Jahrhundertprogramm.

Vom ersten Schock Ende der 1950er Jahre bis zu dem Programm der »Großen Abschreckung« zieht sich eine Linie des vitalen Interesses, Amerikas Unverwundbarkeit wiederherzustellen. Daran begann man sofort zu arbeiten. Als Reagan erläutert wurde, das könnte durch Weltraumrüstung erreicht werden, gab der Präsident sofort grünes Licht. »Krieg der Sterne« wurde popularisiert das Konzept genannt, alle oder doch fast alle feindlichen Raketen im Weltraum abfangen und zerstören zu können, bevor sie auf dem amerikanischen Sanktuarium einschlagen. Obgleich sich das technisch als nicht durchführbar erwies, hat Washington nicht aufgegeben. Drei verschiedene Administrationen gaben über 60 Milliarden Dollar aus für Entwicklung und Erprobung eines bescheideneren Systems. Auch Clinton setzte das Raketenprogramm fort, obwohl unter seiner Präsidentschaft das »Reich des Bösen« schon nicht mehr existierte.

Der Schock des 11. September ging auch deshalb so tief, weil dieser Tag den Traum von der Unverwundbarkeit der ersten Weltmacht zerstört hat. Viele kleine Davids könnten sich versucht fühlen, das dem Goliath zu beweisen. Aber Amerika wird sich nicht von Schurken entmutigen lassen, den Traum zu erhalten, auch wenn eine Weile darüber nicht gesprochen wird. Wenn die heutige Basis seiner Macht Risse bekommen könnte, weil neue, exotische Waffen möglich werden, spricht alle Wahrscheinlichkeit dafür, dass Amerika diese neuen Systeme zuerst entdecken und entwickeln wird. Außerdem wird es alle Disziplinen der Wissenschaft anspornen, von der Technologie bis zum Faktor Mensch jedes erdenkliche Mittel zu suchen und zu erproben, auch falls das gar keine Waffe im klassischen Sinne ist, um doch noch unangreifbar zu werden.

Es wird bereits an der Kombination von Biotechnologie, besonders Gentechnik, Elektronik und Nanotechnik gearbeitet. (Ein Nanometer ist der millionste Teil eines Millimeters.) Was dabei an Kampfmitteln herauskommt, kann nicht nur Kriegführung revolutionär verändern, sondern ganz unüberschaubare Probleme der Beherrschbarkeit für die Politik aufwerfen: Die Erzeugung solcher Mittel durch Staaten oder auch ziviler Organisationen aus allgemein zugänglichen Elementen der Massenproduktion ist billig und unkontrollierbar. Die klassische Rüstungskontrolle ist potentiell tot. Offensive und defensive Absichten sind nicht unterscheidbar. Die internationale Sicherheit kann in einem Maße gefährdet werden, das sogar die Bedeutung von Atomwaffen schrumpfen lässt. Eine heute noch unvorstellbare Dichte internationaler Zusammenarbeit könnte der einzige Weg werden, mit einer im Prinzip labil bleibenden gefährdeten Sicherheit umzugehen. Unverwunbarkeit wird kein Staat mehr erreichen.

Die Hysterie der Suche nach der Quelle von mit Anthrax verseuchten Briefumschlägen war ein Zeichen dafür, was Amerika kann und fürchtet. Die falsche Zusammensetzung des Gases, das die Terroristen nebst Geiseln in Sekundenschnelle betäuben sollte, aber viele Todesopfer forderte, war ein Zeichen dafür, was Russland kann und woran es arbeitet. Die neuen Dimensionen der Mikroelektronik öffnen ein viel größeres Feld lautloser Zerstörung. Längst sind die beiden Länder in ihrer »fortschrittlichen« Suche nicht mehr allein. In 10 bis 15 Jahren, einem Zeitraum nicht viel länger als die deutsche Einheit Wirklichkeit ist, können die neuen Arsenale eingeführt und begrenzt (an welchem Ort auf dem Globus?) erprobt werden.

Die Welt wird sich auf die wachsende Dominanz Amerikas, vorsichtig auf eine Zeitschiene gesetzt, wohl bis zur Mitte des Jahrhunderts einzustellen haben. Stärke wie Schwäche des Dollars wird wie bisher in dieser Dimension keine entscheidende Rolle spielen. Das Haushaltsdefizit Reagans war durch Clinton reparierbar. Durch Dehnung der Weltraumprogramme können beträchtliche Mittel gespart werden, ohne die militärische Uneinholbarkeit zu gefährden. Wer an das riesige Handelsbilanzdefizit denkt, sollte die Erfahrung eines berühmten deutschen Bankiers bedenken: Wenn ich jemandem 100 000 Mark leihe, habe ich ihn in der Hand. Wenn ich ihm 100 Millionen leihe, hat er mich in der Tasche.

So kontinuierlich alle Präsidenten vor George W. Bush den Kurs der Machterweiterung gefolgt sind, so werden alle Präsidenten, die ihm folgen, diese Grundlinie fortsetzen. Auf diese Wahrscheinlichkeit kann man bauen; denn sie ist natürlich.

Der jetzige Präsident folgt einer qualitativ neuen Linie, abweichend von allen seinen Vorgängern. Die gewachsene Macht gestattet ihm eine höhere Stufe von selbstbestimmtem Machtgebrauch. Sein Vater wollte die Welt nach dem Ende des Ost-West-Konflikts in eine neue Weltordnung führen. Er hatte Recht, dass Amerika das einzige Land war, stark genug dazu. Eine Weltordnung verlangt, dass alle Staaten ihre Regeln befolgen, also auch Amerika. Das war eine beeindruckende Vision, die nach dem Zusammenbruch der Sowjetunion möglich geworden war. Folgerichtig erklärte er die Bereitschaft zur Partnerschaft in der Führung. Aber sein Angebot an Deutschland wurde von Europa nicht beantwortet und blieb dann ohne Wiederholung.

Noch Clinton schloss am Anfang seiner Präsidentschaft, dem Gedanken des Vorgängers folgend, nicht aus, amerikanische Streitkräfte dem Kommando der Vereinten Nationen zu unterstellen. Davon blieb wenig übrig. Er nahm sich das Recht, mit Marschflugkörpern eine pharmazeutische Fabrik im Sudan zu zerstören und den Sand in Afghanistan zu pflügen in der vergeblichen Hoffnung, Bin Laden und seine Truppe zu treffen. Unter seiner Verantwortung erfolgte der Schritt vom Wege, ohne Mandat der UN den nicht erklärten Krieg gegen Jugoslawien zu führen.

Erst George W. Bush verkündete seine qualitativ neue Doktrin, die Nationale Sicherheitsstrategie. Die Vereinigten Staaten proklamieren als ihr Recht, jeden Krieg, auch vorsorglich, auch ohne Mandat der UN zu führen, gegen Terrorgruppen oder Staaten, die den Terror unterstützen und durch Entwicklung oder Besitz von Massenvernichtungsmitteln potentiell eine Bedrohung der Sicherheit Amerikas darstellen. Die Begründung ist, zu verhindern, dass der Feind den ersten Schlag führt. Gegen wen die Prävention erfolgt, entscheidet also Amerika nach der Einschätzung, wann es seine Sicherheit bedroht fühlt.

Amerika stellt sich damit außerhalb der Charta der Vereinten Nationen, die es selbst 1945 mitbegründet hat. Nach den Erfahrungen mit Hitler und Japan sollte jeder Angriffskrieg verbannt werden. Krieg ist seither völkerrechtlich nur zur Selbstverteidigung erlaubt oder durch ein Mandat des Sicherheitsrats, falls der Friede gefährdet ist. Der Sicherheitsrat muss das ausdrücklich feststellen. Es soll eben gerade vermieden werden, dass jeder Staat, der sich stark genug fühlt, sich das Recht des Stärkeren nimmt.

Nun kann man den Unwillen der Amerikaner verstehen, sich Mehrheitsentscheidungen der übrigen 190 Staaten in der UN zu unterwerfen, die zwar alle das gleiche Recht, aber nicht die gleiche Verantwortung haben. Auch deshalb werden die eigentlichen Machtfragen im Sicherheitsrat entschieden. Doch dort stellt sich die Lage aus amerikanischer Sicht nicht viel besser dar. Eine Mehrheit ist durchaus nicht immer gesichert und lässt in Washington die Grundfrage aufkommen, ob es seine Politik von der Zustimmung Frankreichs und Russlands und Chinas abhängig machen soll? Jedes Veto bricht eine Mehrheit, und, was schlimmer ist, jedes Veto kann der amerikanischen Absicht die Legitimierung verweigern. Im Vorfeld des Irakkrieges ist deshalb entschieden worden, ohne Mandat loszuschlagen. Aus der Logik der Übermacht müssten die USA allein ein Vetorecht haben. Da eine solche Reform unerreichbar ist, wird Amerika künftig ohne Mandat in den wichtigen

Entscheidungen handeln, für die es sich keinem Veto unterwerfen will.

Jede Großmacht möchte viele an sich binden, ohne sich selbst gleichermaßen binden zu lassen. Um ihre Handlungsfähigkeit zu vergrößern, entzieht sie sich lästigen Verpflichtungen oder geht sie erst gar nicht ein. Das Klimaprotokoll von Kyoto ist dafür ein Beispiel, die Chemiewaffenkonvention ein anderes, die Weigerung, dem Abkommen zur Verbannung von Landminen beizutreten, ein drittes. Der internationale Strafgerichtshof wird abgelehnt, sogar sabotiert. Die Vorstellung, dort nach internationalen Maßstäben untersuchen zu lassen, ob Amerikaner Vergehen, gar Kriegsverbrechen zu verantworten haben, ist der Hegemonialmacht unerträglich. Der Präsident wäre ermächtigt, im Falle einer derartigen Unvorstellbarkeit Amerikaner zu befreien. Ihre militärischen Spezialisten könnten das.

Der bisherige Gipfel dieser Entwicklung war die Kündigung des ABM-Vertrages. Sie erfolgte in dem Augenblick, als die Taliban militärisch besiegt waren. Der Vertrag stellte den Höhepunkt der Sicherheitspartnerschaft dar, weil er Washington und Moskau nur je zwei Systeme zur Raketenabwehr gestattete. Das war das Eingeständnis der gegenseitigen Verwundbarkeit, also ein Garant gegenseitiger Rücksichtnahme, und verhinderte eine Ausweitung der Rüstung in den Weltraum. Da aber Washington Waffen in den Weltraum bringen will, musste der Vertrag weg. Die Rücksicht ist unnötig geworden. Die gesichtswahrende Begründung lautete: Es ist ein Relikt aus dem Kalten Krieg. Mit Fortsetzungen kann gerechnet werden, wenn weitere Verträge lästig werden.

In dieser Darstellung des amerikanischen Weges sind die Machtfragen überbelichtet. Das scheint erforderlich, weil sie in Deutschland unterbelichtet sind, aber mehr noch, weil sie einen entscheidenden Kern amerikanischer Politik darstellen. Es wäre falsch, die kulturelle Kraft zu übersehen, die in der Literatur und den bildenden Künsten Stile prägt und neue Themen setzt. Film und Fernsehen transportieren eine Lebensform, die anderen Kulturen zum Teil fremd ist, aber dennoch anzieht. Der Reichtum imponiert, selbst wenn er unerreichbar ist. Die meisten Völker würden gern die Probleme einer Überflussgesellschaft haben. Wo gibt es noch Länder, in denen man keine Cola kaufen kann? Doch noch mehr imponiert die Macht, die von der kulturellen Prägekraft unterstützt wird. Sie rät vielen Menschen in Asien, Afrika und Lateinamerika zu vorsichtiger Bescheidenheit und ihren Regierungen auch, soweit sie sich von den Vorstellungen ihrer Bevölkerung leiten lassen. Und bescheiden werden dann die Lebensziele und die Staatsziele auch. Die Pax Americana ist für viele erstrebenswert. Kein Genie hat einen solchen Masterplan ersonnen. Doch wie sich die Dinge dieser Welt fügen, sieht es so aus, als folge Amerika einem solchen Plan, geboren aus Gelegenheit und Macht.

Antiamerikanismus ist dumm

Ich habe bewusst vermieden, den Dschungel der »Ideologie« durchdringen zu wollen. Ich habe mich bemüht, den amerikanischen Weg sachlich und nicht wertend zu verfolgen. Die Legion von Büchern und Artikeln über amerikanische Schwächen, die Flut von Talkshows, in denen über Arroganz, Überheblichkeit, Heuchelei diskutiert wird, weil Ideale proklamiert werden, wenn es um Rohstoffinteressen geht, die ungleichen Maßstäbe in asymmetrischen Kriegen beklagt werden, Dispute über brutale Ungerechtigkeit, die Hass erzeugen muss, oder über Aggression, die sich als Verteidigung tarnt – all das ist verständlich, hat seinen Platz und entspricht der Tatsache, dass Emotion es leichter hat zu überzeugen als der Verstand. Jammern hilft nicht, schimpfen auch nicht.

Die Erfahrung legt nahe, der Vernunft zu folgen, damit unsere gefährdete Welt nicht untergeht. Wir brauchen ein neues Denken, einen kühlen Kopf, damit die Menschheit auf unserem Globus ihre Überlebenschance behält, angesichts des unheimlichen Prozesses der Zerstörung, die Menschen ihrem Lebensraum antun.

Die große Kunst ist gefragt, die Emotionen für den Verstand zu mobilisieren.

Sehnsucht und Hoffnung, Wünsche und Glaube sind schön und gut. Sie dürfen den Blick auf die Wirklichkeit nicht verstellen. Auf das kleinere Thema dieses Buchs bezogen heißt das: Antiamerikanismus ist dumm. Die erste Weltmacht ist die Realität. Rebellieren ändert daran ebenso wenig wie kuschen. Amerika wird seiner Macht und seinem Sendungsbewusstsein folgen.

Das werden auch die Präsidenten tun, die im Weißen Haus auf Bush folgen. Die interessante Frage ist, ob er die Ausnahme bleibt, oder ob er eine neue Tradition begründet. Nach einer zweiten Legislaturperiode mag es Amerika schwerer fallen, zur Rolle einer Führungsmacht zurückzufinden, die sich selbst bindet und im Rahmen einer Weltordnung agiert. Bis auf weiteres haben wir es mit einem Mann zu tun, der die Dinge entschlossen nach seinen Vorstellungen ändern will und erwartet, dass die Welt sich anpassen wird.

Amerika ist zu mächtig geworden, um sich durch Rücksichten in der Verfolgung seiner Interessen behindern zu lassen. Die Rücksichten, die es gegenüber Verbündeten nimmt, sogar gegenüber London, sind taktisch zeitlich begrenzt. Die Rücksichten gegenüber der NATO sind praktisch eingeschränkt, indem es die jeweils Willigen zu einer für die jeweilige Aufgabe geeigneten Koalition zusammenfasst. Die Rücksichten gegenüber der UN sind darauf reduziert, ob diese Organisation zum Instrument amerikanischer Ziele gemacht werden kann. Die Rücksicht auf Europa scheint nun wirklich das Geringste, um das Washington sich sorgen muss. Die Beschwörungen der Vergangenheit, die Beteuerungen der Dankbarkeit, die beständigen Wiederholungen der transatlantischen Werte, das Flehen um Behandlung auf gleicher Augenhöhe, die Bitten des Protektorats um Partnerschaft sind eher nett und beruhigend. Beunruhigend wäre erst, wenn die amerikanischen Stützpunkte in Europa in Frage gestellt würden. Und damit ist nicht zu rechnen.

Mögen die Weicheier greinen, wenn sie nur gehorchen. Mögen sie uns hassen, solange sie uns fürchten. So stellt sich die machtpolitische Lage im Jahre 2003 aus amerikanischer Sicht dar.

Weder ein Land noch eine Gruppe von Ländern taucht am Horizont auf, die fähig wären, in überschaubarer Zukunft eine Herausforderung für Amerika zu werden. Kein Faktor ist in Sicht, der Amerika zwingen würde, jene Politik zu ändern, die seine Macht erlaubt.

Die Macht entscheidet über die Politik. Erst soweit die Macht an ihre Grenzen stößt, tritt die Politik wieder in den Vordergrund. Washington passt seine Politik der Macht an, über die es verfügt. Im Krieg ist das normal.

Amerika befindet sich im Krieg. Europa nicht. Das ist ein Unterschied, der künftig noch krasser werden wird. Als Antwort auf Bin Ladens Kriegserklärung an das Böse, das aus der Welt geschafft werden müsse, hat Bush dem Terror den Krieg erklärt.

In seiner Rede vor dem Kongress erklärte er: »Wir werden alle uns zu Gebote stehenden Mittel dafür einsetzen, jedes Mittel der Diplomatie, jedes Werkzeug der Nachrichtenbeschaffung, jedes Instrument des Gesetzvollzugs, jeden finanziellen Einfluss und jede notwendige Waffe des Krieges.« Die europäische Öffentlichkeit hat sich nicht klar gemacht, dass dies totalen Krieg bedeutet, mit allen Fähigkeiten, die Amerika zur Verfügung stehen und die es für angebracht hält, offen und verdeckt: Druck, Drohung, Unterwanderung, Bestechung, Erpressung, Überwachung bis zur wieder erlaubten Tötung (im Krieg spricht man nicht von Mord) ausgemachter Feinde durch den Geheimdienst, sogar der teilweisen Suspendierung der eigenen demokratischen Freiheiten.

Bush hat sich verpflichtet, den Krieg gegen den Terror bis zum Sieg zu führen. Das meint er auch so. Weder in Afghanistan noch im Irak ist der weltweite Terror entscheidend geschlagen worden. Das waren nur Phasen. Die nächste Phase wird mit Sicherheit überlegt und vorbereitet.

Es gibt noch genug Länder, die von der Diktatur zu befreien sind. Es gibt noch genug Regierungen, die Massenvernichtungswaffen haben oder herstellen, die grundsätzlich bedrohlich für die Sicherheit der USA sind. Es gibt noch mehr Völker, die ohne Demokratie leben. Die Friedensvision von Präsident Bush trägt weit. Er hat nach dem Irak-Krieg schon angekündigt, seiner Vision zu folgen. Die Welt sollte sich darauf einstellen und ihm glauben.

Wer nicht für mich ist, ist gegen mich, ist aus der Psyche eines Mannes erklärbar, der sich im totalen Krieg fühlt, ihn mit letzter Entschlossenheit führen will, Neutralität verächtlich findet und Verbündete und andere schont, soweit sie ihm nützen können. Europa sollte sich darauf einstellen, dass der Krieg weitergeht, dass Bush für die gesamte Zeit seiner Präsidentschaft ein Kriegspräsident sein wird.

Wo ist da Raum für ein selbstbestimmtes Europa?

Der europäische Weg

Die Europäische Union ist zu der großen Erfolgsstory der Nachkriegsgeschichte schlechthin geworden.

Das war gar nicht geplant. Am Anfang stand die richtige Überlegung, dass neben der militärischen Organisation des Kalten Krieges, der NATO (ohne die Deutschen), eine wirtschaftliche Organisation (unter Nutzung des deutschen Potentials) aufgebaut werden musste. Die Hebung des Lebensstandards sollte der notwendige Flankenschutz für die Verteidigungsbereitschaft werden. Jean Monnet gebührt der Titel »Vater Europas«, weil er kraft seiner Persönlichkeit, ohne Amt, gedeckt nur durch amerikanische Zustimmung, begabt mit Klugheit und Phantasie, Politiker aller Parteien von sechs Staaten davon überzeugen konnte, eine Gemeinschaft von Kohle und Stahl zu gründen.

Was als Kind des Kalten Krieges begonnen hat, wie die NATO auch, hat ihren Ursprung vergessen lassen. Die Europäische Union hat sich zu einem übernationalen Organismus aus eigenem Recht entwickelt. Sie hat unvorstellbaren Wohlstand geschaffen. Sie hat Krieg zwischen ihren Mitgliedern unmöglich gemacht. Sie hat einen Traum friedlich verwirklicht. Der Schlüssel zu ihrem Erfolg war der Souveränitätsverzicht.

Jeder Schritt auf dem Wege der Gemeinschaft für Kohle und Stahl über die Europäische Wirtschaftsgemeinschaft (EWG) und die Europäische Gemeinschaft (EG) zur Europäischen Union (EU) verlangte zusätzliche Verzichte auf nationale Souveränitäten. Jedes Land, das vom Erfolg angezogen wurde, musste die Regelungen akzeptieren und die entsprechenden Souveränitätsrechte auf die Gemeinschaft übertragen.

Das war nicht einfach. Die Vereinheitlichung von einem Schlüsselsektor jener Zeit zu einem den ganzen Umfang von Wirtschaft und Handel umfassenden Organismus zu treiben, verlangte Detailregelungen, Ausnahmen, Übergänge. Nationale und regionale Eigenheiten, Interessen und gewachsene Traditionen schienen gefährdet. Die Deutschen wollten die volle Integration, aber alle anderen lehnten eine Zielvorstellung ab, die letztlich ein wie immer konstruiertes europäisches Staatswesen vorsah. Wie kann man eine übernationale Gemeinschaft organisieren, ohne den Reichtum der Nationalstaaten zu verlieren?

Seine Antwort darauf gab Großbritannien. Es betrieb Europa als Freihandelszone. Das könnte reichen, Wirtschaft und Wohlstand zu fördern, bei einem Minimum von Souveränitätsverlust der Staaten. Es unterstützte die Erweiterung über die sechs Gründungsmitglieder hinaus; denn je mehr Staaten hinzukamen, umso schwieriger würde es, die notwendige Einstimmigkeit unter ihnen für qualitative Vereinheitlichungen zu erreichen. Je mehr Mitglieder, umso geringer der Souveränitätsverzicht aller. Je mehr der wirtschaftliche Riese wuchs, umso wahrscheinlicher blieb er politisch handlungsfähig ein Zwerg. Wenn Sachfragen Kompromisse erzwangen, bremste England, solange es konnte, und sprang jeweils im letztmöglichen Augenblick auf den Zug. Europa ohne das demokratische Urelement England schien für Bonn undenkbar. Schließlich entschied in London sein doppeltes Interesse für die späte Mitgliedschaft: Die wirtschaftlichen Vorteile »drin« zu sein, ergänzten sich mit dem Bestreben, »drin« unliebsame Entwicklungen zu verhindern.

Die Formulierung »Europäisierung Europas« wurde schon während des Ost-West-Konflikts geboren. Sie stand damals für ein Denken, das Westeuropa mit Europa gleichsetzte. Die Realität ließ eine Vorstellung von der Vereinigung des ganzen Europa als Spinnerei erscheinen; das enthielt auch eine Beimischung von Überheblichkeit des fortgeschrittenen reichen gegenüber dem politisch und wirtschaftlich zurückgebliebenen Teil. Im Kalten Krieg galt schon als mutig, an Warschau, Krakau und Prag als Städte europäischer Kultur zu erinnern. Doch dieser Mut war billig: Er musste sich nicht beweisen und beschränkte sich aufs Kulturelle.

»Europäisierung Europas« enthielt als Begriff die deutsche Selbstbestimmung wie den französischen Behauptungswillen gegenüber Amerika und den wiederholten zaghaften Wunsch an die Führungsmacht, nicht so oft überrascht, sondern etwas mehr konsultiert zu werden. Die Neigung der Supermacht zu einsamen Entscheidungen gab es schon zu Zeiten der Sowjetunion. Ungehorsam hatte Washington nie zu fürchten. Bedenken gegen NATO-Beschlüsse schlugen sich in Fußnoten nieder: irrelevant für Washington, aber von den Bedenkenträgern zu Hause vorzeigbar. So ziemte es sich für die Teile eines Protektorats, dessen Sicherheit gegenüber der Bedrohung aus dem Osten nur durch Washington garantiert werden konnte.

In dieser Sicherheit lebte es sich angenehm: Man konnte Amerika kritisieren ohne das Risiko, Wohlstand und Sicherheit zu verlieren oder mehr Eigenverantwortung übernehmen zu müssen. Wie Kinder, deren Augen größer sind als der Mund, wiederholten die Europäer ihre guten Vorsätze zur Selbstbestimmung, ohne den Preis zahlen zu wollen, dafür nationale Selbstbestimmung zu reduzieren. Eine ziemlich realistische Einschätzung europäischen Kleinmuts brachte mich zu dem allerdings wirklichkeitsfernen Gedankenspiel: »Wenn die Deutschen die Amerikaner nach Hause schicken, wird sich Europa zusammenzittern, aus Angst.« Aber woher sollten Mut und Bereitschaft zum großen Durchbruch der außenpolitischen Handlungsfähigkeit kommen, nachdem die Bedrohung aus dem Osten weg war?

So entwickelte sich fast selbstverständlich der Zustand: Je geringer die Souveränität der europäischen Staaten in den Kernfragen der Sicherheitspolitik gegenüber Amerika wurde, umso eifriger wahrten sie diese nationale Rest-Souveränität untereinander. Soweit aber ein für alle vorteilhafter Binnenmarkt geschaffen werden sollte, verloren sie die entsprechenden Kompetenzen.

Der Binnenmarkt machte das Kapital beweglicher als die Menschen. Er befreite die Wirtschaft von nationalen Regeln, ohne die Regierungen von der Verantwortung gegenüber ihren Bürgern befreien zu können. Durch seine politische Entscheidung ist ein Bereich purer Marktstruktur entstanden, der sich von der sozialen Marktwirtschaft löst. Soziale Marktwirtschaft setzt dem reinen Marktprinzip rechtliche Grenzen, die Erwerbs- und Gewinninteressen sozial binden und zum Ausgleich verpflichten. Das soziale Defizit ist von Frankreich früher als von Deutschland erkannt und nicht beseitigt worden.

Zur Bürgerferne trägt ein demokratisches Defizit bei. Die nationalen Parlamente kontrollieren weder die europäischen Ministerräte noch die Behörde in Brüssel. Das Europäische Parlament wählt weder den Präsidenten der Kommission, noch entscheidet es gleichberechtigt und gleichgewichtig mit, wo die Kommission über europäische Gesetze entscheidet. Fern von Bürgern und Volk ist ein demokratiefreier Raum bürokratischer Herrschaft entstanden. Der gefährlich verführerische Versuch taucht auf, Wohlstand und Demokratiedefizite nebeneinander und miteinander zu mehren, staatenlose Marktkräfte in der europäischen Weite zu pflegen und die Demokratie auf die Enge der Nationalstaaten zu begrenzen.

Vor der Übertragung weiterer Hoheitsrechte auf die EU müssen Bundestag und Bundesregierung prüfen, ob damit das Ziel einer demokratischen und sozialen Struktur erreicht wird. Das verlangt unsere Verfassung. Ein Gesetz, das gegen diese Bindung verstößt, wäre verfassungswidrig, hat das oberste Gericht in Karlsruhe festgestellt.

Hier wird die Spannung exemplarisch deutlich: Der Nationalstaat, in seinen Kompetenzen ausgehöhlt, behält die Kompetenz, zu entscheiden, welche neue Befugnis, sprich Souveränität, auf Europa übertragen werden soll und nach der deutschen Verfassung werden darf. Der Nationalstaat ist unter dem Gesichtspunkt der sicherheitspolitischen Handlungsfähigkeit überholt. Er ist unentbehrlich geblieben, um sie europäisch zu gewinnen.

Die deutschen und englischen idealtypischen Vorstellungen von Europa widersprechen sich. Keiner konnte sich durchsetzen. Europa ist stärker integriert, als England wollte, und weniger, als Deutschland angestrebt hat. Der Kontinent, der die klassische Nation entwickelt hat, kämpft darum, nicht ihr Gefangener zu bleiben, aber einige lieb gewordene Fesseln zu behalten.

Vorsorglich hat er sich schon mal zur »Union« ernannt, aber es nicht geschafft, eine Telefonnummer zu schalten, wie Henry Kissinger seit Jahren sarkastisch feststellt, ohne sie zu vermissen.

Seit 40 Jahren wird das Ziel verkündet, mit einer Stimme zu sprechen. Natürlich haben weder die USA noch andere geglaubt, es lohne sich, darauf zu warten. Es grenzt an Lächerlichkeit, dass die Union sich auf einen außenpolitischen Beauftragten einigen konnte, aber nicht auf eine eigene Außenpolitik. Herr Solana, Repräsentant der »Gemeinsamen Außen- und Sicherheitspolitik« (GASP), die es nicht gibt, darf an die Tür Nordkoreas anklopfen, wahrscheinlich um versichern zu dürfen, dass Europa an der friedlichen Einigung der Krise dort interessiert sei. Aber nicht der nette Spanier, sondern die Regierungen sind verantwortlich, die weder eine gemeinsame Nahost-Politik noch eine gemeinsame Haltung zum Irak-Krieg zustande gebracht haben.

Unter dem Eindruck der quälenden Langsamkeit sind unterschiedliche Überlegungen angestellt worden: Vorbereitungen einer europäischen Verfassung, Konstruktionen unterschiedlicher Dichte und Geschwindigkeiten der Integration, unterschiedlicher Nähe, auch Assoziationsmodelle für Staaten, die nicht oder noch nicht so eng und uneingeschränkt »vergemeinschaftet« werden wollen. Sie sind durchweg gescheitert, zum einen, weil die Hürde eines qualitativen Souveränitätsverzichts zu hoch war, zum anderen, weil die Geschichte unerwartet neue Konstellationen geschaffen hat.

Die finanziellen und wirtschaftlichen Interessen, die an der Wiege der Europäischen Gemeinschaft standen, führten mit unerbittlicher Logik zu einem erstaunlichen Souveränitätsverzicht: Der Euro verlangte den Verzicht, über die eigene Währung entscheiden zu können. Das war für einige Mitglieder mehr, als sie wollten oder konnten. Innerhalb der EU gibt es seither Euroland. Seine elf Regierungen versprechen sich davon zusätzlichen Druck auf Vereinheitlichung ihrer inneren Rechts- und Sozialsysteme, die sie eigentlich vorher hätten in Ordnung bringen müssen. Die Währung hat begonnen, ein Stück Europagefühl bei denen wachsen zu lassen, die sie schon haben. Doch unbestreitbar hat die größere EU der bald 25 Staaten nun einen kleineren Kern, Euroland, mit Anziehungskraft auf ihren außenstehenden »Rest«. Niemand hat das als »Spaltung« verdammt.

Mit dem Euro hat Europa den Hut in den Ring globaler Ansprüche geworfen. Er ist eine dem Volumen nach ebenbürtige Währung neben dem Dollar. Die Präsidenten der europäischen und der amerikanischen Zentralbank sind Kollegen geworden. Das bedeutet sehr viel. Aber machtpolitisch fehlt eine Entsprechung zu Washington.

Osteuropa entscheidet mit

Diese Frage wird von der bisherigen EU nicht mehr entschieden. Das Problem ihrer Handlungsfähigkeit nach außen hat sie erkannt, aber nicht rechtzeitig gelöst. In den Diskussionen zwischen Vertiefung und Erweiterung ist sie von der Geschichte überholt worden. Das Ende des Ost-West-Konflikts hat zunächst den neutralen Ländern (Österreich, Finnland und Schweden) den Beitritt ermöglicht. Das war relativ unproblematisch, weil es sich um wirtschaftlich und demokratisch »systemgleiche« westliche Länder handelt.

Nun ist die »Europäische Wiedervereinigung« proklamiert worden. Das ist potentiell eine revolutionäre Veränderung. Sie kann Europa stärker verändern als die evolutionäre Entwicklung der letzten 50 Jahre. Sie wird darüber entscheiden, in welchem Umfang die »Europäisierung« Europas gelingt. Wird seine Selbstbestimmung sich mit politischer Autonomie unter amerikanischer Dominanz begnügen oder den Anspruch eines global Handlungsfähigen erheben? Wird es westlichen Wohlstand pflegen oder ein westliches Modell entwickeln, das neben dem amerikanischen in die Welt wirkt? Diese Entscheidungen sind nicht mehr gegen und nicht mehr ohne die zehn Länder zu fällen, die 2004 die EU auf 25 Mitglieder erweitern sollen.

Ein Vergleich mit der deutschen Wiedervereinigung würde in die Irre führen. Die neuen Mitglieder, von Malta und Zypern abgesehen, sind nicht unter dem Gesichtspunkt zu betrachten, dass sie die Zahl der EU-Bewohner um jene rund 20 Prozent vergrößern, mit denen die DDR die Osterweiterung der Bundesrepublik ermöglicht hat. Es handelt sich um Völker mit ganz eigenem Charakter, mit Stolz auf ihre Identität, die sie während eines 50-jährigen Satellitendaseins bewahrt haben. Vor allem bringen sie Erfahrungen mit, die Eigengewächse sind und nicht identisch mit den westeuropäischen: Denen wurde Demokratie entweder gebracht oder geschenkt, während sie auf der anderen Seite erkämpft werden musste. Das mag für das demokratische Defizit der EU von Bedeutung werden. Die erlebte Solidarität in jenen Ländern könnte sich als nützlich erweisen, wenn es um die Überwindung des sozialen Defizits der EU geht.

Die eigenen Traditionen im Osten, die gewachsenen kulturellen Identitäten könnten ähnlich schwer in die EU einzufügen sein, wie die Ostdeutschen in ihrer anderen Mentalität es fanden und finden, sich der westdeutschen anzupassen. Das gilt auch umgekehrt. Der europäische Respekt für die andere Mentalität muss in west-östlicher Richtung auch erst noch bewiesen werden. Vor allem handelt es sich um Nationen, deren Erinnerung noch frisch ist, wie schwer ihre Befreiung war. Ihr Stolz ist 50 Jahre jünger als der ihrer westeuropäischen Geschwister, von denen einige die Wiederherstellung der Nation den Siegern verdankten. Einige Völker Osteuropas haben die historische Kraft gefunden, die eigenen Interessen und den Mut zum Widerstand zu definieren. Auch wenn die Schlussakte von Helsinki dank der deutschen Entspannungspolitik ein Berufungsdokument geschaffen hat: Der Prager Frühling und Solidarność waren mit Risiken verbunden wie die ungarische Entscheidung, den Stacheldraht zum Westen zu zerschneiden. Die Freiheit der ungeteilten Völker ist mit der Freiheit der Nation erreicht worden. Ihre Selbstbestimmung verkörpert sich in der Wiedergeburt ihrer souveränen Nationalstaaten. Wen kann es wundern, wenn sie diesen Zustand genießen wollen, mindestens so lange, bis sie ihr nationales Interesse in Europa gut aufgehoben wissen.

Es fügt sich, dass Westeuropa die Ebene der Nationalstaaten noch nicht verlassen hatte, als Osteuropa sie erreichte; das kann sich als glückliche Voraussetzung erweisen, um nun gesamteuropäische Wege einzuschlagen.

Es macht die List der Geschichte aus, dass der westliche Sieg im Kalten Krieg Europa nach Osten verschiebt. Die natürlichen Gewichte der Geographie werden wiederhergestellt. Deutschland hat nach seinem langen Weg nach Westen die Position in der Mitte des Kontinents wieder erhalten; sie gestattet, nach Osten zu sehen, ohne dem Westen den Rücken zuzuwenden. Sie zwingt sogar, der Verantwortung gerecht zu werden, die diese Mittellage verlangt.

Das ist gar nicht so einfach. In der Periode, in der Westeuropa mit Europa gleichgesetzt wurde, hatte sich erwiesen, dass Frankreich und Deutschland der europäische Motor waren; Einvernehmen zwischen den beiden brachte das Ganze voran. Die Macht der Gewohnheit ließ beide auch ohne Überheblichkeit im Vorfeld des Irak-Kriegs zusammenwirken. Sie mussten erfahren, dass Polen und andere ihre durchaus eigene Position brieflich verkündeten. Ohne Vorwarnung und Information entsprach das zwar auch nicht dem Geiste der Gemeinschaft, der man sich schon zugehörig fühlte, aber der Hinweis auf das Weimarer Dreieck, also das versprochene Zusammenwirken zwischen Paris, Berlin und Warschau, machte deutlich, dass eben auch Berlin und Paris die neue Realität noch nicht verinnerlicht haben. Die Einstimmigkeit Europas wird es ohne die neuen Mitglieder im Osten nicht geben.

Quo vadis Europa?

In der Frage, welchen Weg Europa gehen wird, bündeln sich mehrere Probleme. Die bisherige Entwicklung der EU drängt auf eine Konvention, die den Rang einer Verfassung erhalten soll. Das wäre im Grunde eine Art Staatlichkeit Europas, in der die Nationalstaaten ihre unentbehrliche Funktion behalten, aber Souveränitäten im Interesse der Handlungsfähigkeit abgeben. Wie weit sind die osteuropäischen Staaten dazu bereit?

Es geht zunächst gar nicht um das Verhältnis zwischen Europa und Amerika, es geht zunächst um europäische Selbstbestimmung. Das Europa der 25 muss »regierbar« werden und seine Organe mit möglichst wenig Reibungsverlusten arbeitsfähig machen. Die Steuerung der vielfältigsten und (nach China und Indien) drittgrößten Volksgruppe der Erde wäre am einfachsten durch eine Regierung für das Ganze. Diese Qualität ist offensichtlich nicht in einem Sprung erreichbar. Dafür sind die Regierungen weder im Westen noch im Osten Europas »reif«.

Das Erreichbare reduziert sich auf eine bessere Neuverteilung der Aufgaben zwischen den drei Institutionen Parlament, Kommission und Regierungen. Bisher schlägt die unabhängige Kommission Maßnahmen von gemeinsamem Interesse vor, das Parlament berät und verabschiedet Gesetze, und der Rat der Regierungen entscheidet. Die Herausforderung besteht in einer Machtverteilung zwischen den Regierungen und der Kommission, sie muss föderative Funktionen gestatten und einen Übergang darstellen, damit Kommission und Rat der Regierungen eines Tages zu einer Regierung verschmolzen werden können.

Was der Konvent vorschlägt, muss von den Regierungen gebilligt und von den Staaten ratifiziert werden. Das kann kaum vor 2005 vollendet sein. Wie kreativ für die Zukunft das Produkt sein wird, ob es also den Rang zu einer Übergangsverfassung bis zur europäischen Föderation erreicht oder »nur« zu einer Reform, die den Wildwuchs von Verträgen, Institutionen und Zuständigkeiten lichtet, bleibt abzuwarten. Das wäre auch nicht wenig. Die Klarheit der Zuständigkeiten wird auch den Nationalstaaten zugute kommen.

Jedenfalls wird der Konvent lange verschleppte Entscheidungen über die Vertiefung erzwingen, nachdem die Erweiterung jedenfalls bis auf weiteres ihre Konsolidierungsgrenze gefunden hat. Welchen Raum lässt die Innenstruktur für den nächsten Abschnitt? Diese Klarheit ist erforderlich; dann können wir überlegen, wohin wir wollen, bevor wir uns auf den Weg machen.

Die Wahrscheinlichkeit spricht dafür, dass die EU eine Etappe erreicht, die historisch genannt werden wird. Diese Bezeichnung wird jedenfalls zutreffen, unabhängig davon, ob sie einen Übergang von innerer zu äußerer Handlungsfähigkeit bedeutet – vielleicht mit einem Außenminister –, oder ob sie »nur« einen bedeutenden Schritt in der Tradition ihrer langsam fortschreitenden Konsolidierung darstellt – vielleicht mit einem Kommissar, der Außenminister genannt wird.

Wie es im Sommer 2003 aussieht, wird Europa ebenso wenig schon eine »Verfassung« im Wortsinn erhalten, wie es eine »Union« ist. Aber es ist bereits mehr als eine Bündelung seiner Regierungen, die das letzte Wort behalten: ein bedeutender Fortschritt, der erste der 25, aber kein Durchbruch zur globalen Handlungsfähigkeit. Amerika muss nicht beunruhigt sein.

Das Lob der Langsamkeit darf nicht als bloßer Spott aufgefasst werden. Es gelüstet niemanden im alten Kontinent, Herrschaft mit Feuer und Schwert aufzurichten. Nach dem vorletzten Versuch durch Napoleon hat der letzte durch Hitler Europa in einem Zustand zurückgelassen, der seine Einigung durch Gewalt ausschließt. Seine Einigung beruht auf Einsicht. Freiwilligkeit und Überzeugung sind besser als der Zwang von Bajonetten. Die Zusammenarbeit zum gegenseitigen Vorteil ist zum Zusammenhalt geworden, auf allen Gebieten, die durch übernationales Recht geregelt sind. Die Wirtschaftsunion ist unzerbrechbar geworden. Wer einmal »drin« ist, kann nicht mehr raus, weil das wirtschaftlicher Selbstmord wäre.

Staaten, die einst als Feinde gegenüberstanden,

Völker, die weit genug voneinander lebten, um sich wenig füreinander zu interessieren, Ethnien, die sich gegeneinander definierten, sind wirtschaftlich so integriert, dass sie die Souveränität, Krieg zu führen, verloren haben. Und alle sind froh darüber. Sie haben diesen Abschnitt ihrer Geschichte hinter sich gelassen, der sich nach Jahrhunderten misst. Alle haben unterschiedliche Identitäten und Interessen behalten, aber sie werden in friedlichem Nebeneinander bewahrt. Die Langsamkeit der Nationalstaaten hat zu dem Ergebnis geführt, dass Kriege zwischen ihnen unmöglich geworden sind. Und das auf friedlichem Weg. Wenn es nur die EU auf der Welt gäbe, könnten ihre Staaten die Armeen abschaffen.

Welch ein Modell hat Europa schon jetzt geschaffen! Seine Prinzipien der Zusammenarbeit, des Gewaltverzichts, der friedlichen Regelung von Konflikten, des Kompromisses für die Regeln der Kooperation, der gegenseitigen Rücksicht, des jeweils möglichen Fortschritts durch die Zustimmung aller – sind das nicht die Grundlagen für das Zusammenleben und Zusammenwirken in einer multipolaren Welt? Bestimmt eröffnen diese Prinzipien einen menschenfreundlicheren Weg in die Zukunft als das Dominieren durch die Macht der Waffen. Das Modell, das die EU der Welt bietet, ist jedenfalls ganz unverwechselbar und gar nicht bedrohlich. Seine militärische Schwäche ist politisch seine Stärke.

Wenn Europa seinen Prinzipien treu bleibt, wird

sein Aufstieg zu einem friedlichen, bedeutenden Faktor auf dem Globus unaufhaltbar sein. Das mag 20 Jahre oder länger dauern, wie immer das sein langsames, natürliches Wachstum gestattet. Es könnte nicht schaden, wenn es schneller ginge.

Ein beschleunigender Faktor war der Krieg gegen Jugoslawien, ein weiterer der Krieg gegen den Irak. Das schockierende Erlebnis der europäischen Schwäche wurde zum Treibsatz für Beschlüsse, die man sich früher gewünscht hätte. Ungeachtet der Zusammenhänge, die in beiden Fällen das Verhältnis Europas zu Amerika betreffen, scheint es angebracht, zuvor zwei Themen unter dem eingeengten Gesichtspunkt der europäischen Konsolidierung zu betrachten.

Die deutsche Teilnahme an dem unerklärten Krieg gegen Jugoslawien ohne Mandat der UN wurde mit der Absicht begründet, eine humanitäre Katastrophe abzuwenden. Hier wurde präventiv Gewalt angewendet, um Massenmord zu verhindern. Im Grunde hat Präsident Bush dieses Prinzip nur ausgeweitet, wenn er erklärte, gegen Akteure im Besitz von Massenvernichtungswaffen erst vorzugehen, wenn sie zugeschlagen haben, wäre nicht Selbstverteidigung, sondern Selbstmord. Unbestreitbar hat entstaatlichte Gewalt, Terrorgruppen, die ohne großen Aufwand in Besitz von chemischen und biologischen Massenvernichtungsmitteln kommen können, eine neue Situation geschaffen. Sie ist schwieriger geworden, nachdem auch Staaten relativ einfach und billig und schwer kontrollierbar solche »Atomwaffen des armen Mannes« herstellen können.

Das Völkerrecht gestattet Gewaltanwendung nur zur Selbstverteidigung oder wenn der Sicherheitsrat sie legitimiert. Der Grundsatz, dass allein dieses gültige Völkerrecht angewendet werden muss, ist durchlöchert worden. Alle Staaten haben ein Interesse, sich vor neuartigen Bedrohungen zu schützen. Umgekehrt wird ein völkerrechtlicher Damm wünschenswert, damit der Schutz der Menschenrechte nicht als Begründung für Gewalt und Eroberung missbraucht werden kann.

Eine weltweite Diskussion über Prävention ist dringend erforderlich. Es geht um eine Ergänzung des Völkerrechts gegen Gefahren, die zu Zeiten, als die Charta der UN formuliert wurde, noch nicht existierten. Die Technik der Kriegführung hat bedeutendere Fortschritte gemacht als die humanitäre Beschränkung. Die Gewalt ist vollkommener geworden als das Völkerrecht. Ein global anerkanntes rechtliches Fundament muss erarbeitet werden, das vorsorgliche Maßnahmen bis hin zu ihrer zwangsweisen Durchsetzung regelt, gleichzeitig aber verhindert, dass ein einzelner Staat entscheidet, wann und gegen wen er präventiv interveniert. Es wäre ein bedeutender Schritt für das innere Selbstverständnis, wenn die Staaten der Europäischen Union sich darauf verständigen könnten, einen Vorschlag zur Regelung des Präventivrechts auszuarbeiten und ihn dann bei den Vereinten Nationen einzubringen.

Das zweite Thema betrifft ein Instrument der Macht. Keine Gemeinschaft mit dem Anspruch auf internationale Handlungsfähigkeit darf wehrlos sein. Sie braucht Streitkräfte, um ihre Politik durchsetzen zu können. Es kann nur ein Übergangsstadium sein, dass die Europäer, solange sie noch keine wirkliche Union sind, durch ihre Staaten bewaffnete Kontingente auf Anforderung zur Verfügung stellen können. Es ist keine politische Belastung der Gemeinschaft, wenn die UN oder die OSZE solche Wünsche äußern. Das Thema, wann die Union gegenüber diesen internationalen Organisationen als Einheit auftritt, wird erst in späteren Jahren zu erörtern sein. Aber Anforderungen Amerikas oder der NATO ohne Legitimierung durch die UN können als Spaltpilz wirken.

Die EU muss sich also eine europäische Armee zum Ziel setzen. Sie muss stark genug sein, jeden konventionellen Angriff abzuwehren und fähig, Friedenssicherung und Stabilität in Regionen zu garantieren, für die sie Verantwortung übernommen hat. Sie muss entsprechend bewaffnet und mobil und selbstständig unter europäischem Kommando einsatzfähig sein.

Der Vertrag zur Gründung der europäischen Armee sollte die Verpflichtung zum Gewaltverzicht bekräftigen, wie sie in der Charta von Paris im November 1990, am Ende des Ost-West-Konflikts, festgelegt wurde. Er sollte das damit zusammenhängende Prinzip wiederholen, niemals Waffen einzusetzen, es sei denn zur Selbstverteidigung oder im Einklang mit der UN-Charta.

Die Europäische Union muss sich selbst definieren. Das kann sie nur mit ihren neuen Mitgliedern. Die Entwicklung hat ihr die Aufgaben gestellt, ihre inneren Defizite an Demokratie, sozialer Gesellschaft und Handlungsfähigkeit aus eigener Kraft zu lösen. Dann wird sie leichter verwirklichen können, was sie sich seit langem vorgenommen hat: die Selbstbestimmung. Die »Europäisierung Europas« wollte Selbstbestimmung, als es noch zwei Supermächte gab. Die eine ist weg. Die Selbstbestimmung ist nur noch im Verhältnis zu Amerika zu gewinnen.

Europa und Amerika

Das künftige Verhältnis zwischen Europa und Amerika verlangt den Abschied von einer alten Welt und den Aufbruch in eine neue. Die Rivalität zwischen Ost und West von Macht und Ideologie beherrschte die alte Welt und erzwang die Geschlossenheit der Blöcke. Das Gleichgewicht des Schreckens garantierte eine labile Stabilität. Nun sind die Macht und die Ideologie im Osten weg und haben die Rivalität der Vergangenheit überlassen. Die Geschlossenheit des westlichen Blocks ist keine Voraussetzung des Überlebens mehr.

Aus der alten Welt ist der atomare Schirm geblieben, den Moskau und Washington für sich und über die Länder zwischen ihnen gespannt haben. Die Art, wie sie ihn entspannt haben, charakterisiert schon die neue Welt. Die Reduktion der atomaren Arsenale um zwei Drittel haben beide vereinbart, mit vielen Lücken, offenen Fragen, ohne wie früher Kontroll- und Verifikationsfragen mit langen Anhängen und vielem Kleingedrucktem überhaupt zu verhandeln; was während des Ost-West-Konflikts Monate oder Jahre gedauert hätte, geschah hier fast im Vorbeigehen. Die eigene Überlegenheit und die Schwäche Russlands garantieren den USA eine Sicherheit, die Vertrauensvorschuss erlaubt. Der strategische Versuch, Gegnerschaft durch Zusammenarbeit abzulösen, kann erprobt werden, zumal das Ganze binnen 90 Tagen einseitig kündbar ist.

Gleichgewicht ohne Schrecken heißt die neue Realität. Beide Länder behalten ihre Zweitschlagsfähigkeit, also die tödliche Antwort auf den lähmenden Erstschlag. Sie wirkt nicht mehr bedrohlich, weil keine Seite sie benutzen will oder kann. Russland ist der einzige Staat, mit dem Amerika einen solchen Vertrag schließen konnte. In überschaubarer Zukunft wird auch kein anderes Land auf dem Gebiet strategischer Nuklearwaffen »satisfaktionsfähig« werden.

Für Europa bedeutet das: Auch in Zukunft bleibt Europa unter diesem globalen Schirm und insoweit amerikanisches Protektorat. Seine Selbstbestimmung kann unterhalb der interkontinentalen Atomwaffen entwickelt werden, wie schon in der Vergangenheit, als ob es sie nicht gäbe. Das gilt umso mehr, als Amerika aus eigenem Interesse diesen Schirm gar nicht einziehen kann, weil es diese Dominanz über Europa erhalten will. Wir sind hier freier als Amerika.

Erstmals gibt die Überwindung seiner Spaltung Europa die Chance, selbstbestimmt zu werden. Die neue Welt stellt Europa erstmals vor die Frage, ob es das will. Die Selbstbestimmung ist nur gegenüber der Protektoratsmacht zu erreichen. Genauer: indem die weit gehende Dominanz Amerikas über europäische Außen- und Sicherheitspolitik beendet wird. Voraussetzung dafür sind zwei Erkenntnisse: Die Interessen auf beiden Seiten des Atlantiks sind unterschiedlich geworden und werden es bleiben, und die eigenen Möglichkeiten und Grenzen müssen im Vergleich zu Amerika nüchtern eingeschätzt werden.

Robert Kagan, konservativer und in Washington einflussreicher Autor, hat einen Hauptgrund für die Auseinandersetzungen zwischen Amerika und Europa bereits in dem Titel seines brillanten Essays gefunden: *Macht und Ohnmacht.* Es stimmt, dass Amerikas Stärke in den letzten zwölf Jahren imponierend gewachsen ist, während die Schwäche Europas schwach geblieben ist. Infolgedessen ist es kein Wunder, wenn Amerika in dieser Zeit kriegerischer und Europa friedlicher geworden ist. Amerika hat sich mehr verändert als Europa. Amerika hat die Kluft vergrößert. Das kann man bedauern, aber europäische Schuldgefühle sind ganz unangebracht.

Außerdem hat Kagan endlich dankenswerterweise ausgesprochen: »Wir sollten nicht länger so tun, als hätten Europäer und Amerikaner die gleiche Weltsicht oder als würden sie auch nur in der gleichen Welt leben … Aus diesem Grund entwickeln sich Amerikaner und Europäer in zentralen strategischen Fragen immer weiter auseinander.« Beide Analysen treffen zu: die Uneinholbarkeit der amerikanischen Stärke und die Unüberbrückbarkeit von Interessen, die sich aus der europäischen Schwäche ergeben. Beide Seiten können gar nicht aus ihrer Haut. Die Europäer sollten sich nicht wundern, wenn die Amerikaner dem Weg der Macht folgen; die Amerikaner sollten sich nicht wundern, wenn die Europäer ihrem Weg folgen, aus Schwäche Stärke zu machen.

Europa knüpft dabei an eine Tradition. Als in Bonn die Idee des Gewaltverzichts entwickelt wurde, konnte niemand ahnen, was kommen wird: Diplomatie, Verhandlungen und Verträge schlossen Anfang der 1970er Jahre Grenzänderungen durch Gewalt aus, aber ermöglichten sie durch Vereinbarungen. Das Konzept hat bedeutenden Veränderungen in Europa den Weg gebahnt. Die Vertrauensbildung, die damit einherging, hat sogar die größte kontrollierte konventionelle Waffenverringerung erbracht.

Amerika hat damals die Erprobung des Gewaltverzichts zugelassen und gedeckt. Es konnte ja nichts passieren. Seine militärische Macht gegenüber der Sowjetunion blieb unangetastet. Das Risiko beschränkte sich auf politische Unannehmlichkeiten. Dennoch bleibt es Amerika hoch anzurechnen, dass es das friedliche Entspannungsexperiment nicht verhindert hat. An dem Erfolg hat Amerika 1975 bei der Schlussakte von Helsinki partizipiert, die den Völkern Osteuropas eine Perspektive in die Richtung vereinbarter freier Entwicklung gab. In der Charta von Paris für eine gemeinsame Zukunft Europas wurde 1990 der Gewaltverzicht dann zu einem Teil der Prinzipien für das friedliche Zusammenleben des ganzen Kontinents.

Die Vorstellung, dass Amerika heute vertraglich auf die Anwendung von Gewalt verzichtet, wirkt absurd. Washington würde einen solchen Vorschlag für weltfremd und unseriös halten. Doch gerade das ist die europäische Methode, durch Verhandlungen und Verträge Konflikte zu entschärfen, sogar zu überwinden.

Für den Schwachen gibt es keinen anderen Weg als den, das Gesetz an die Stelle der Gewalt zu setzen. Das Recht des Stärkeren durch die Stärke des Rechts zu ersetzen ist der Königsweg. Es ist doch eigentlich klar: Das Recht des Stärkeren ist letztlich die Negation des Rechts.

Richard Perle hat prophezeit, die Idee der UNO als Fundament einer neuen Weltordnung werde sterben. »Die UN ist nicht eine gute Idee, die schlecht ausgeführt wird; sie ist eine schlechte Idee.«

Der Königsweg der Europäer verlangt die Stärkung der Vereinten Nationen. Die Macht der Machtlosen liegt im Sicherheitsrat, dem einzigen Organ, in dem sie Amerika kontrollieren können, sofern es sich kontrollieren lässt. Auf dieser Ebene liegt für Europa das Optimum an Macht, weil eine vergleichbare eigene Machtbasis fehlt. Zwischen dem proklamierten Recht Washingtons, Krieg aus eigenem Interesse wieder in die Politik einzuführen, und dem Grundsatz, Krieg nur mit UN-Mandat als letztes Mittel vorzusehen, gibt es keinen Kompromiss. Die unterschiedlichen Grundpositionen sind nicht verhandelbar. Solange sich Amerika von den Vereinten Nationen emanzipiert, wird die Emanzipation Europas von den Vereinigten Staaten fast automatisch unausweichlich.

Europas elementarer Grundsatz muss es sein, keine Gewalt ohne Mandat des Sicherheitsrats anzuwenden. Die Welt muss sich darauf unbedingt verlassen können. Darin wird sich Europa künftig von Amerika unterscheiden. Es ist der Unterschied zwischen einer Hegemonialmacht, die ihre Dominanz ausdehnen will, und einem Kontinent, der friedliche Stabilität erstrebt. Es ist der Unterschied zwischen einer Hegemonialmacht, die Frieden bringen, und einem Kontinent, der friedliche Veränderungen will.

Die USA haben den Rest der Welt daran gehindert, zu beweisen, dass der Irak auch ohne Gewalt entwaffnet werden kann. Der erfolgreiche Krieg hat den Konflikt über seine Völkerrechtlichkeit nicht gelöst. Er wäre nur aus der Welt zu schaffen, wenn Europa sich aufgibt, indem es sich der amerikanischen Haltung anschließt.

Kagan stellt fest, dass die amerikanischen und europäischen Ansichten in der alles entscheidenden Frage der Macht auseinander gehen. Aber er irrt, dass Europa sich von der Macht abwendet und ein posthistorisches Paradies von Frieden anstrebt. Das ist zum einen derselbe Irrtum, der England die Macht des gewaltlosen Widerstands unterschätzen ließ, durch den Gandhi die Unabhängigkeit Indiens vorbereitet hat. Zum anderen darf Macht nicht nur militärisch verstanden werden. Es gibt eine politische Macht, die auf Wirtschaftskraft beruht und für den Rest der Welt keine militärische Bedrohung enthält.

Für den Aufbruch in eine neue Weltordnung kann Europa seine Vision der amerikanischen Mission zur Seite stellen. Europäische Selbstbestimmung definiert sich neben und nicht gegen Amerika. Die europäische Methodik hat sich bewährt, als der – unerklärte, auch schon ohne UN-Mandat geführte – Krieg gegen Jugoslawien durch einen Fünf-Punkte-Plan beendet wurde, der Russland wieder einband, von China akzeptiert wurde, ein Mandat der UN erhielt und zuletzt auch die Zustimmung der USA zu einem Verhandlungsergebnis mit Milošević erhielt. Amerika verlor die Sieg-Option über Belgrad, aber nicht seine militärische Potenz.

Bevor die Elemente der europäischen Vision definiert werden, müssen die Unterschiede der Interessen zu Amerika klar sein. Amerika wird seiner Mission folgen. Darüber lässt es nicht verhandeln. Europa könnte seinen eigenen Standpunkt daneben stellen, wenn es ihn denn hätte. Amerika hat sich eine

Politik der freien Hand verschrieben, die im Einzelfall entscheidet, wo es sich binden lässt und welche Bindungen es löst.

Amerika hat kühl analysiert, dass für die globale Allianz gegen den Terror Moskau politisch wichtiger ist als der militärische Faktor der NATO. Die hatte im Vorfeld des Afghanistan-Krieges den Bündnisfall zum ersten Mal in ihrer Geschichte festgestellt. Das hat Washington dankend zur Kenntnis genommen, aber nur das passende Werkzeug der Willigen ausgewählt und das Bündnis geschwächt. Europa wird weder durch Beschwörungen noch Bitten, das Bündnis zu stärken, Washington dazu bewegen, sich von dem schwerfälligen Gremium abhängig zu machen oder sich gar von schnellen Entschlüssen abhalten zu lassen.

Soll Europa sich umgekehrt der Supermacht anpassen? Soll Europa seine Position zur Verbannung von Landminen ändern oder gar seine Unterschriften zurückziehen, weil Amerika den Vertrag nicht unterzeichnet hat? Oder soll Europa vom Kyoto-Protokoll zum Umweltschutz zurücktreten, nachdem 104 Staaten es ratifiziert haben, weil Präsident Bush erklärt hat, er werde es nicht zur Billigung im Senat einbringen? Oder sollen wir beginnen, gegen die Wiener Konvention zu verstoßen und verhafteten Ausländern den konsularischen Schutz ihrer Heimatländer verweigern? Oder sollen wir den Internationalen Strafgerichtshof boykottieren, weil Amerika ihn sabotiert? Oder soll der Druck zum Stopp der Entwicklung von chemischen Waffen aufgegeben werden, weil Amerika sich auch diese Option offen halten will? Oder sollen die Jahrzehnte dauernden Bemühungen zu einem umfassenden Teststopp atomarer Waffen eingestellt werden, weil Amerika das ablehnt? Oder soll das Übereinkommen zur Beseitigung jeder Form von Diskriminierung der Frau gekündigt werden, das seit 1981 für inzwischen 170 Staaten in Kraft ist, weil es von den USA nicht ratifiziert wurde? Es gibt weitere internationale, im Rahmen der UN abgeschlossene Abkommen, bei denen Europa wie die weitaus überwiegende Zahl von Staaten im Gegenteil beschlossen haben, ohne Amerika ihren Kurs fortzusetzen, in der Hoffnung, dass selbst dem stärksten Land der Welt eines Tages seine zunehmende globale Isolierung lästig wird.

US-Willige und UN-Willige

Auf dieser Ebene schält sich der Unterschied zwischen US-Willigen und UN-Willigen heraus. Die Grundpositionen Europas sind auch nicht verhandelbar, wenn es seinen Charakter nicht aufgeben will. Hier drücken sich anders geartete Grundinteressen aus, die nicht feindlich, sondern evolutionär durch die Geschichte entschieden werden. Daraus entwickeln sich Grundorientierungen zwischen unipolarer und multipolarer Weltsicht. Sie sind im Prinzip ebenfalls nicht verhandelbar. Denn in der Theorie würde das zu einer Reform des Sicherheitsrats führen, bei der allein die USA über das Vetorecht verfügen. Das bleibt faktisch unerreichbar, obwohl es genau der US-Politik der freien Hand entsprechen würde.

Die Geschlossenheit der alten atlantischen Welt ist in der neuen Welt nicht wiederherstellbar. Amerika will es nicht, es sei denn zu seinen Bedingungen. Die Interessen sind beiderseits des Atlantiks zu unterschiedlich geworden. Der »Austausch« zwischen den Primadonnen und ihrem Gefolge über Vorstellungen, Missverständnisse, Verdächtigungen, Fehler und Entschuldigungen ist psychologisch erklärbar, aber sinnlos. Sie sind wie das Fieber, das eine Entzündung heilt. Die Heilung verlangt eine nüchterne Klarheit; auf der amerikanischen Seite, dass Europa seine beschlossene Selbstbestimmung beginnt, nachdem es sich endlich erwachsen emanzipiert, ohne deshalb zum Feind der Eltern zu werden, denen es so viel verdankt; auf der europäischen Seite, dass Amerika den Gesetzen seiner globalen Macht folgt.

Es wäre ein Wunder, wenn Washington nicht analysieren würde: Wir sind interessiert, die Multipolarität zu schwächen und zu verhindern, dass daraus ein Lager der Multipolaren wird. Unser Interesse ist, die Europäische Union zu schwächen; Euroland sollte nicht stärker werden, einschließlich seiner Währung. Unserem Interesse wäre gedient, wenn Europa gespalten wird; es bleibt dann besser beherrschbar; also das »alte Europa« klein halten, das »neue Europa« pflegen!

Es wäre zu wünschen, dass Europa zu ähnlicher Klarheit findet: Europa steht vor einer nicht erklärten, aber faktischen Herausforderung durch Amerika. Die Herausforderung richtet sich gegen die europäische Selbstbestimmung. Indem Amerika seiner Mission folgt, verhindert es die europäische Vision. Indem Amerika seine Dominanz verstärkt, schwächt es einen friedlichen Rivalen. Eine militärische Rivalität ist für Amerika am globalen Horizont nicht erkennbar; die Bündelung einer zivilen Kraft empfindet es bereits als Herausforderung, die es aus europäischer Sicht gar nicht ist. Denn Europa will nicht Amerika dominieren, es will nur anders sein. Kein Gegner, sondern eigenständiger Partner. Kein demütig Hilfswilliger, sondern ebenbürtig. Europa kann die Herausforderung durch Amerika nicht leugnen. Es kann nicht tun, als gäbe es sie nicht.

Die Wertegemeinschaft ist schon gebrochen

Zu den Verlusten der alten Welt gehört der Irrglaube von der Wertegemeinschaft. Die Wertunterschiede sind während des Kalten Krieges teils zugedeckt worden, teils nicht ins Bewusstsein gerückt. Das Recht zum Waffentragen ist in europäischen Augen keine erstrebenswerte Freiheit.

Mitglied der Europäischen Union könnte Amerika nicht werden (was es auch nicht will): Es müsste die Todesstrafe abschaffen. In Amerika wird kaum diskutiert, ob der Staat berechtigt ist, einen Menschen zu Tode zu bringen. Stattdessen bemühen sich Anwälte und Gerichte, Verfahrensfehler zu finden, um einen Verurteilten vor der Exekution durch Gas, die Giftspritze oder den elektrischen Stuhl zu bewahren. Die Todesstrafe entspricht dem Bewusstsein, das Böse nicht nur zu bekämpfen, sondern zu vernichten. Das nationale Gefühl des Guten gegen das Böse existiert nach innen wie nach außen.

Völlig anders als in europäischen Staaten ist das nationale Interesse von der moralischen Gewissheit durchdrungen, das auserwählte Volk Gottes zu sein. Nationalbewusstsein und Sendungsbewusstsein sind ganz unauflöslich verschmolzen. Es ist sinnlos, dies aus ungleichen, moralischen europäischen Vorstellungen anzweifeln oder kritisieren zu wollen. Die amerikanische Position stellt einen moralischen Maßstab auf, der nicht verhandelbar ist. Keine Polemik darüber bringt Europa in seinem Verhältnis zu Amerika weiter.

Die Religiosität der amerikanischen Gesellschaft ist durch die Geschichte erklärbar. Viele Auswanderer haben die Freiheit für ihre Religion in der neuen

Welt gesucht und dort durchgesetzt, dass sie vom Staat nicht eingeschränkt werden durfte. In Europa wurde der Staat zum Garanten der Freiheit, auch der religiösen. Die vielen Glaubensgemeinschaften identifizierten sich mit der Nation Amerika; sie wollten möglichst wenig regiert, sondern vernünftig verwaltet werden, während im Europa der Aufklärung Staat und Religion überwiegend getrennt wurden.

Der Kern der Demokratie besteht in Amerika aus den Rechten des Einzelnen, wie sie einklagbar in der Verfassung garantiert sind. Die demokratische Identität in Europa beruht auf dem Recht der Parlamente. Dort wird Government, also die Regierung, als potentieller Rechtsbedroher, hier überwiegend als Rechtssicherer betrachtet. Vergröbert: Wir regeln fast alles, dort bleibt dem Einzelnen mehr Raum, sich sein Recht zu erstreiten. Richard Holbrook, der amerikanische Sonderbeauftragte, der das Dayton-Abkommen für Bosnien-Herzegowina zustande gebracht hat, formulierte den kulturellen Unterschied: Die Europäer suchen und exekutieren Konstruktionen, die Amerikaner lösen Probleme. Falls sich die Lösung als unpraktisch erweist, wird sie eben geändert und an die neue Situation angepasst.

Während Europa die Menschenrechte durch internationale Konventionen garantieren will, bietet nach amerikanischer Auffassung seine Verfassung den besten Schutz für den Einzelnen. Daraus lässt sich die amerikanische Haltung ableiten, seine Bürger nicht einem Internationalen Gerichtshof mit einem internationalen Statut auszuliefern, weil Amerikaner dort ihre umfangreichen individuellen Rechte verlieren können. Dass ein Amerikaner, der zu Hause sein Recht vor Gericht erkämpfen kann, dem Urteil oder der Verurteilung durch einen fremden Souverän unterworfen wird, geht gegen amerikanisches Empfinden, und außerdem gegen das Interesse Amerikas, sich durch fremde Ordnungen binden zu lassen.

Zu den ideengeschichtlichen Unterschieden gehört, dass Amerika den Staat, der für Europa ein kostbares Gut ist, überwunden hat und zwar durch die gelungene Synthese seiner von der Religiosität getragenen Gesellschaft mit der Nation. Die Amerikaner, aus welchen Staaten sie gekommen sind oder noch immer kommen, bekennen sich nicht nur zu den Werten und Interessen ihrer Nation, sondern empfinden sie. Eine solche Nation wird Europa noch sehr lange nicht, vielleicht nie werden. Europa erstrebt eine überstaatliche Zusammenarbeit durch teilweisen Verzicht auf Souveränitäten bei grundsätzlichem Behauptungswillen seiner souveränen Nationen. Das Verständnis von Staat und Nation wird beiderseits des Atlantiks auch künftig sehr verschieden bleiben.

Die Vorstellungen von Gesellschaft und Individuum differieren ziemlich stark. Die Freiheit, sich sein Glück zu erkämpfen, ist berauschend; die Freiheit, unter Brücken zu sterben, ist abschreckend. Die Radikalität der Extreme ist für Europa schon lange nicht mehr begeisternd. Dennoch bleibt der Sockel der gemeinsamen Wertevorstellungen stark genug.

Wenn Amerika den Globus überschaut, so kann ihm die Kraft und die Herrlichkeit unwiderstehlich erscheinen, die auf Macht und Werten begründet sind. Seine Macht erscheint überwältigend. Seine Werte allerdings treffen in der asiatischen und islamischen Welt auf andere Kulturen, in Europa nur auf unterschiedliche Vorstellungen. Die amerikanische Selbstsicherheit trifft auf europäische Unsicherheiten. Die Gefährdung europäischer Werte nimmt zu, indem die Beschwörungsformeln von der Wertegemeinschaft fortgesetzt werden. Sie können zu Unterwerfungsformeln werden, wenn die eigenen Werte nicht mehr klar vertreten werden. Ohne die Selbstbehauptung unserer Werte wären wir auf dem Weg vom Protektorat zur Kolonie.

Ein Stärkevergleich

Der amerikanische Feldzug gegen den Irak hat eine qualitativ neue Art Krieg demonstriert. Es war der Kampf einer sehenden Armee gegen eine blinde Armee. Die Vernetzung von Satellitendaten und Luftaufklärung mit Bildern der örtlich eingesetzten Hubschrauber ergaben für das zentrale Kommando ein fast gleichzeitiges Lagebild. Es gestattete eine flexible Führung durch entsprechende Vernetzung mit den mobilen Verbänden, den Spezialeinheiten und den lenkbar einsatzfähigen seegestützten Kampfmitteln. Und das alles unabhängig von der Tageszeit, so dass die Nacht zu einer »vollwertigen« Kampfzeit wurde. »Network Central Warfare« wird dieses System genannt. Es befähigte ein zahlenmäßig weit unterlegenes Kampfinstrument, bei minimalen Eigenverlusten quantitativ mindestens fünfmal stärkere Streitkräfte zu entmutigen.

Die Spannweite von der Aufklärung im Weltraum bis zu dem für den Nachtkampf ausgerüsteten Soldaten am Boden bedeutet im Ergebnis, dass Amerika sich ein Kriegsführungsinstrument verschafft hat, das mit jedem Monat qualitativ verbessert wird und seine Uneinholbarkeit ausbaut. Diese Uneinholbarkeit macht es praktisch unmöglich, mit anderen Armeen qualitativ gleichwertig zusammen zu operieren. Gemeinsame Einsatzfähigkeit verlangt nicht nur gleiche technische Ausrüstung, sondern gleiche Verfahren, Doktrinen, Ausbildungen auf allen Ebenen. Die Interoperalabilität, wie die Soldaten das nennen, ist verloren gegangen. Sie ist auch gar nicht nötig; denn Amerika braucht sie nicht mehr, um Krieg zu führen und zu gewinnen. Die fähigste Armee der Welt findet keinen gleichwertigen Gegner, aber auch keinen gleichwertigen Partner mehr. Natürlich kann sie unter politischen Gesichtspunkten der Zweckmäßigkeit, sich auf eine Koalition berufen zu können, symbolische Beteiligung wünschen oder »Etappen«-Dienste gebrauchen, aber in den Augen des Verteidigungsministers Rumsfeld ist diese Armee zu schade, »sobald sich die Aufgaben von militärischen Aufgaben zum Peace-Keeping-Bereich verschieben«. Die USA führen den Krieg, die anderen sichern den Frieden.

Die militärische Singularität hat politische Auswirkungen. Das Fehlen von Verbündeten, die für die Kriegführung substantiell nötig sind, führt folgerichtig zu unilateralem Handeln Amerikas. Jedenfalls gibt es keine militärischen Hebel der Verbündeten, das Pentagon von seiner berechtigten unilateralen Haltung abzubringen. Das Weiße Haus bezieht für seine Entscheidungen auch außen-, innen- und wirtschaftspolitische Gesichtspunkte ein. Aber militärisch kann das Pentagon dem Präsidenten ein Instrument »zur Verfügung melden«, mit dem jede denkbare Aufgabe in überschaubarer Zukunft militärisch am besten allein gelöst werden kann.

Diese machtpolitische Lage verlangt eine europäische Neuorientierung. Europa hat sich vorgenommen, nicht nur humanitäre Aufgaben lösen zu können; es will auch zu Kampfeinsätzen fähig sein, zur Krisenbewältigung und zu friedensschaffenden Maßnahmen, und zwar unabhängig von den USA, zudem geographisch nicht begrenzt. Das kommt in der neuen Lage politischer Hochstapelei ziemlich nahe und widerspricht zusätzlich dem Interesse eines selbstbestimmten Europas.

Der Jugoslawien-Krieg hat Europa schon die schockierende Einsicht beschert, wie beschämend schwach es militärisch ist. Es zog daraus den Schluss, eine schnelle Eingreiftruppe von 60 000 Soldaten bis zum Ende des Jahres 2003 aufzustellen, die bestimmte Kriterien erfüllen soll. Das Ziel war, das Gewicht Europas und damit auch seinen Einfluss zu erhöhen. Die Erkenntnisse des Irak-Kriegs machen diese Erwartungen gegenstandslos. Die militärischen Fähigkeiten Amerikas sind seit dem Jugoslawien-Krieg qualitativ unvergleichbar gestiegen, die europäischen nicht.

Amerika hat wie so oft schnell reagiert, um Gelüste europäischer Eigenständigkeit zu dämpfen. Es hat vom Bündnis eine »NATO-Response-Force« (NRF) beschließen lassen. Diese 20 000 Mann starke Streitmacht soll jederzeit weltweit mit einer Vorwarnzeit von fünf bis zehn Tagen verlegbar sein. Sie soll als selbständiger Verband wie als Vorhut nachfolgender Kräfte operieren können, unter amerikanischem Kommando auch dann, wenn einzelne Nationen einem Einsatz ihrer Truppe in einer Ad-hoc-Koalition (siehe Irak) nicht zustimmen. Ab Oktober 2004 sind die ersten Übungen dieser Truppe geplant, die zwei Jahre später voll einsatzfähig sein soll. Selbst dann wird sie in einer Reihe von Kernfähigkeiten auf amerikanische Hilfe angewiesen bleiben.

Im amerikanischen Interesse ist die NRF ideal: Sie ist nützlich, um einem eventuellen neuen Feldzug ohne Mandat der UN das NATO-Mäntelchen einer Koalition umzuhängen. Sie bleibt dennoch von der amerikanischen Führung abhängig, obwohl sie einen europäischen Eindruck macht. Mit anderen Worten: Nicht einmal die NRF erfüllt die Forderung nach einer eigenständigen europäischen Handlungsfähigkeit im gesamten Spektrum wahrscheinlicher Operationen. Amerika kann das relativ gleichgültig sein, was aus der 60 000 Mann starken Eingreiftruppe wird, ob die Europäer die 20 000 für die NRF davon abziehen oder hinzufügen.

Europa sollte in nüchterner Einschätzung der Lage seine unerfüllbaren Ambitionen weltweiter militärischer Selbständigkeit aufgeben und sich im Bündnis auf die NRF beschränken. Diese 20 000 Mann könnten sich übrigens als Spaltpilz Europas erweisen, falls sie in einen Krieg ziehen sollen, der nach Auffassung einiger Mitglieder ohne Mandat des Sicherheitsrats ein neuer Angriffskrieg wäre. Denn es ist kaum damit zu rechnen, dass alle Staaten, die an der gemeinsam auszubildenden, aufeinander abgestimmten »Force« beteiligt sind, dadurch von der UN-Willigkeit zur US-Willigkeit verpflichtet wären.

Europa sollte seine gemeinsamen Verteidigungsanstrengungen auf Europa konzentrieren. Es sollte die militärischen Fähigkeiten definieren, die seine Streitkräfte haben sollen. Sie müssen fähig sein, jeden konventionellen Angriff auf den Kontinent abzuschrecken. Sie müssen darüber hinaus im Stande sein, die Verpflichtungen zu garantieren, die Europa zur Friedenserhaltung in einer Region wie dem Balkan eingegangen ist. Das könnte Amerika entlasten. Wenn Europa nicht einmal fähig wäre, den Balkan auch ohne Amerikaner zu befrieden, genauer: einer friedlichen Entwicklung zur europäischen Union den Weg zu ebnen, würde es sich mit seiner Selbsternennung zum Weltmachtfaktor lächerlich machen.

Das hätte auch Folgen für die Ausrüstung dieser Streitkräfte. Sie müssten hochmodern, beweglich, verlegbar, zentral führbar gemacht werden, was auch Geld kostet, aber unter heutigen Bedingungen finanzierbar ist. Sie brauchen außerdem nicht so ausgerüstet zu werden, dass sie mit oder neben den amerikanischen Streitkräften global einsetzbar werden. Die europäischen Streitkräfte wären ein Schild Europas und kein kleines zusätzliches Kurzschwert Amerikas.

Hier drängt sich eine Überlegung auf. Nach dem Ende des Ost-West-Konflikts stand sicher nicht der Ewige Friede auf der Tagesordnung. Aber dass die übrig gebliebene Supermacht eine Aufrüstung beginnen würde, die ihre bisherigen Anstrengungen weit hinter sich lässt, ist nicht auf Anhieb zu erklären. In der alten Welt haben wir im Westen von »Nachrüstung« gesprochen. Davon kann keine Rede mehr sein. Damals haben wir der Sowjetunion gesagt: Wer mehr hat, muss mehr abrüsten. Wer diese alte Weisheit heute wiederholen würde, könnte nicht mehr ernst genommen werden; denn damals war das

Gleichgewicht das Ziel. In der neuen Welt gilt das Übergewicht, wie es Washington sich verordnet. Verhandlungen darüber finden nicht statt. Aber wo eigentlich steht geschrieben, dass Europa auch aufrüsten muss, mithalten muss über jedes Maß hinaus, das seine eigenen Sicherheitsinteressen verlangen?

Warum soll der gewaltigen Überlegenheit Amerikas noch eine kleine Überlegenheit hinzugefügt werden? Wo ist der Feind, der sich erst einschüchtern lässt, wenn Europa die Macht Amerikas überhöht? Welche Waffen fehlen den Amerikanern, über die Europa verfügt? Die USA geben täglich eine Milliarde Dollar für militärische Zwecke aus, davon 160 Millionen Dollar für Forschung. Die modernste Technik, wie Raketenabwehr, Vakuumbomben, Tarnkappenflugzeuge, steht nicht zum Verkauf. Das kann auch niemand übel nehmen, wenn die Amerikaner, wie schon in der Vergangenheit, keine Sekunde daran denken, das Wissen zu teilen, das ihnen die Überlegenheit garantiert. Die zweitbesten Waffen unserer Freunde stärken ihre Wirtschaft, schaffen Abhängigkeiten. Zur gemeinsamen Verteidigung sind sie unnötig, wohl aber geeignet, um Europäer global besser einsetzbar zu machen. Die sind zwar nicht gleichwertig, aber zuweilen ganz nützlich.

Bislang bestimmt Amerika das Tempo, mit dem es den Abstand zu allen anderen vergrößert. Der Rat an die Europäer, den Abstand zu den USA zu verringern, würde Amerika durch seine Weiterrüstung in die Lage versetzen zu bestimmen, dass Europa auch weiterrüstet, was Europa anschaffen soll oder muss, um den gegenwärtigen Abstand wenigstens zu halten. Es ist eine blanke Illusion zu glauben, auf diese Weise mehr Einfluss auf politische Entscheidungen Washingtons zu gewinnen.

Bis auf weiteres wird Amerika seine Wirtschaftskraft für die Vermehrung seiner Macht einsetzen. Bis auf weiteres meint: Bis zu einem Präsidenten, der ähnlich wie Clinton, als er Bush sen. folgte, Ausgaben vom militärischen Sektor auf die innere gesellschaftliche Stärkung der USA lenkte. Aber selbst dann wird die Weltmacht einen größeren Anteil ihres Haushalts für Verteidigung ausgeben als Europa kann und will, zumal es militärisch kein Konkurrent für Amerika werden will und kann.

Eigentlich ist es verständlich, wenn Amerika den Sektor ausbeutet, auf dem es seine größte Kraft entfalten kann. Eigentlich ist es ein Wunder, dass Europa nicht den Sektor pflegt, auf dem es ebenbürtig ist, seine Wirtschaftskraft.

Die Logik verlangt, dass Europa den gleichen überproportionalen Anteil an Geld und Intelligenz für die Entwicklung seiner Wirtschaftskraft ausgibt, den Amerika auf die Stärkung seiner militärischen Fähigkeiten lenkt. Es wäre also logisch, das amerikanische Programm der »Großen Abschreckung« mit einem europäischen großen Programm »Ziviler Fortschritt« zu beantworten. Die Stabilität unserer demokratischen Gesellschaften sollte für Europa den gleichen Stellenwert einnehmen wie das, was Amerika die globale Verteidigung seiner Freiheit nennt.

1000 Dollar, die in militärische Forschung gesteckt werden, produzieren nur zivil nutzbaren Fortschritt im Wert von 100 Dollar. Das japanische Wirtschaftswunder ist so entstanden, weil die Japaner jahrzehntelang praktisch nichts für ihre Verteidigung ausgegeben haben und ihre finanziellen und geistigen Mittel darauf konzentriert haben, wirtschaftlich zur Weltspitze vorzustoßen. Das deutsche Wunder entfaltete sich übrigens auch ohne Aufrüstung.

Auch wenn diese Rigorosität sich 50 Jahre später für Europa am Anfang des neuen Jahrhunderts verbietet, führt sie zu dem Ergebnis: nicht Amerika ähnlicher werden wollen! Europa braucht nicht die Fähigkeit, einen Irak-Krieg zu führen. Europa hat die Fähigkeit, der Welt das Modell eines »European Way of Life« anbieten zu können. Natürlich findet man drüben den American Way of Life gut. Ich finde das europäische Gesellschaftsmodell besser. Der Stolz der Amerikaner auf ihr Land und der Stolz der Europäer auf ihren Kontinent verlangen keine Gegnerschaft und vertragen keine Antihaltung. Sie können gut nebeneinander gedeihen.

Zu einer europäischen Armee

Wer selbstbestimmt werden will, ist nicht feige. Der weiß, dass eine Politik, die gestalten will, auch die glaubwürdigen militärischen Mittel braucht. Europa hat spät gelernt, dass seine Streitkräfte konventionell fähig sein müssen, Sicherheit und Stabilität seines Kontinents zu garantieren. Deshalb ist es folgerichtig, seine Energie auf eine europäische Armee zu konzentrieren. Ein selbstbestimmtes Europa verlangt eine selbstbestimmte Armee.

Es kann nicht Absicht sein, innerhalb der großen NATO-Koalition eine kleine neue Koalitions-Streitkraft zu bilden. Die bloße Bündelung reicht nicht. Eine europäische Armee muss ein gemeinsamer Organismus sein, einheitlich ausgerüstet, ausgebildet, natürlich durch ein eigenes Kommando (Hauptquartier) führbar, also ein voll integriertes Instrument Europas. Es könnte auch nur einheitlich eingesetzt werden. Kein Teilnehmerstaat dürfte das Recht behalten, eine Mehrheitsentscheidung durch ein Veto zu blockieren und sich einem Beschluss zu entziehen. Nicht weniger wird letztlich die globale Handlungsfähigkeit Europas in Zukunft verlangen.

Zumal die alte Schicksalsgemeinschaft der NATO von der Führungsmacht verlassen wurde. Amerika hat seinem Interesse gemäß die Methode der jeweiligen Koalition entwickelt und damit das Bündnis zu einem Dienstleistungsbetrieb bei amerikanischem Bedarf gemacht und es so militärisch wie politisch geschwächt.

Die Ausweitung der NATO ist zu einem System geworden, dessen militärischer Wert immer geringer wird und dessen militärische Geschlossenheit objektiv auch immer weniger gebraucht wird. Für die fortgesetzte Ausweitung der NATO gibt es keine definierte Grenze. Es wird kein Einzelfall bleiben, dass nicht alle Verteidigungsminister an ihren Sitzungen teilnehmen. Ein geschlossener militärischer Einsatz ist unwahrscheinlich geworden.

Die NATO erhält zunehmend den Charakter eines politischen Instruments. Als Bush und Gorbatschow die entscheidenden machtpolitischen Elemente der Deutschen Einheit regelten, erwies sich das richtige und stärkste Argument als durchschlagend, dass die Sowjetunion, nach dem Rückzug ihrer Armee aus der DDR, zu schwach sein würde, Deutschland zu kontrollieren. »Das können nur wir, die Amerikaner, mit dem Instrument der NATO.« (Siehe Seite 35.) Die NATO ist das amerikanische Instrument der Kontrolle aller ihrer Mitglieder. Die Teilnahme an einer Aktion kann abgelehnt werden, aber: Keiner ihrer Staaten ist in dieser Organisation militärisch selbständig handlungsfähig. De Gaulle hat seine Streitkräfte dieser Organisation entzogen und ist im Bündnis geblieben; seine Nachfolger haben die volle Integration Frankreichs nicht wiederhergestellt. Das amerikanische Kontrollinstrument, das vom Atlantik potentiell bis zur Grenze Chinas denkbar ist, bietet selbstverständlich keine Basis für Selbstbestimmung und Handlungsfähigkeit Europas. Wenn Europa diese beschlossenen Ziele nicht aufgeben will, braucht es eine eigene Armee.

In der Wirklichkeit des Jahres 2003 haben Frankreich, Belgien, Luxemburg und Deutschland dafür den Grundstein, einen Nukleus, gelegt. Diese Entwicklung entspricht der Logik; sie hofft auf Zuwachs, um ein Gebäude aufrichten zu können, und verletzt keine Verträge und Verpflichtungen.

Die Vorwürfe gegen diesen Ansatz zur europäischen Armee gehen ins Leere: Europa ist kein Monolith, aus dem die vier Staaten einen kostbaren und unentbehrlichen Kern herausgebrochen haben. Es gibt Euroland und die anderen, und alle sind EU-Mitglieder. Niemand kann leugnen, dass Amerika Europa gespalten hat. Seine Politik, sich die Willigen für den Irak-Krieg zu suchen, hat die sichtbarste und schmerzhafteste Spaltung bewirkt. Bestrafung oder Zuckerbrot ist eine Methode, den Europäern zu überlassen, wie sie mit dem Schaden umgehen. Die Instrumentalisierung der neuen NATO-Mitglieder für die Lösung der Nachkriegsprobleme im Irak macht auch nicht den Eindruck, Amerika empfinde ein Bedürfnis, im transatlantischen Verhältnis etwas zu reparieren. Die Verlagerung amerikanischer Garnisonen aus Deutschland fügt sich ins Bild, so vernünftig sie ist. Sobald die Raketenabwehr technisch einsatzfähig wird, vielleicht schon im Jahre 2004, wird Amerika die volle Spaltungspotenz auf Europa wirken lassen (siehe Seite 54/55). Der Herausforderung Amerikas könnte Europa nur entgehen, wenn es Protektorat bleiben will.

Dann taucht der Vorwurf mangelnder Dankbarkeit auf. Wer die Zeiten der Not und Bedrängnis in Berlin erlebt hat, von der Blockade bis zum Mauerbau, bedarf keines Nachhilfeunterrichts. Ohne Amerika hätten die Deutschen nicht die Chance ihrer Geschichte erhalten. Das darf nicht vergessen werden. Die Dankbarkeit würde nicht geschmälert, wenn zuweilen hörbar würde, dass die Behauptung Westeuropas auch im amerikanischen Interesse lag. Wir waren keine Schmarotzer kostenlos gespendeter Sicherheit. Der Vorteil des unsinkbaren Flugzeugträgers in Westeuropa besteht noch immer. Ohne die Stützpunkte in Deutschland wäre der Aufmarsch für die Operation »Wüstensturm« nicht so schnell möglich gewesen. Das größte und modernste amerikanische Krankenhaus außerhalb der USA ist eine humanitäre Hilfsstation in Deutschland für amerikanischen Bedarf auf dieser Seite des Globus geblieben, an der man selbstverständlich nicht rütteln soll. Aber niemand verlangt Dankbarkeit, die den Verzicht auf handlungsfähige Selbstbestimmung einschließt. Eine europäische Armee stellt einen ernsten Versuch dar, sie zu verwirklichen, für Amerika kostenlos.

Keine sentimentalen Erinnerungen, die es auf beiden Seiten des Atlantiks vielleicht unterschiedlich gibt, können die alte Welt wiederherstellen. Die nüchterne Analyse zeigt eine neue Welt. Die natürliche Reaktion auf die unipolare Haltung Amerikas kann nur eine multipolare Weltanschauung sein. Das ist eine Frage der Würde. Sie rangiert noch vor allen Zielen, die Vernunft und Interesse diktieren.

Die gleiche Grundhaltung ist bei den anderen weltpolitischen Polen zu beobachten. Sie enthält auch die Elemente der Vorsicht und Rücksichtnahme gegenüber dem Mächtigsten. Das gebietet die Klugheit. Moskau muss zusätzlich auf seine atomar-strategischen Sonderbeziehungen zu Washington achten. Es muss auf dieser Linie handlungsfähig bleiben, ohne seine wirtschaftliche wie politische auf Europa gerichtete Orientierung zu gefährden. Beide Optionen, wenn man sie so bezeichnen kann, widersprechen einander nicht. Die Frage, wie weit Europa verlässlich in seinem Bestreben zur Selbstbestimmung ist, wird auch in den anderen Zentren der multipolaren Welt gestellt, in der verständlichen Mischung von Zweifel und Hoffnung.

Mit mehr Hoffnung als Zweifel muss Europa versuchen, seine Einmütigkeit herzustellen. Das bedeutet vor allem, die künftigen Mitglieder der europäischen Union davon zu überzeugen, dass für ihren Wohlstand die EU wichtiger ist als ihre Mitgliedschaft in der NATO. Diese Länder werden ihre Interessen selbst definieren und feststellen, dass sie zu Europa gehören. Das schließt ihre guten Verbindungen zu den USA nicht aus, soll aber die Selbstbestimmung Europas nicht behindern, auch wenn sie nicht oder noch nicht zu dem Kern gehören.

Die europäische Vision

Die alte Größe Europas ist nicht wiederzuerlangen. Die neue Größe liegt unterhalb der militärischen Gleichwertigkeit mit den USA. Die USA sind der einzige Globalplayer, der nicht zu entbehren ist. Alle anderen sind Größen zweiten Ranges. Es könnte das Ziel Europas sein, ein Globalplayer zu werden, den die Welt nicht entbehren möchte.

Ein solches Europa setzt die amerikanische Supermacht voraus. Sie kann doppelt nützlich werden. Zum einen wird sie zuverlässig ihre imponierende Wirkung behalten; der universale Nationalismus Amerikas sorgt dafür. Zum anderen liefert sie den klaren Kontrast zu der ganz anders gearteten Stärke Europas. Dort die militärische Hardware – hier die militärische Software. Was Amerika zum Teil etwas herablassend Europa als militärische Arbeitsteilung anträgt, sollte der Kontinent geschichtlich als Glücksfall begreifen und zu seiner Profilierung ausbauen. Schließlich hat die militärische Seite der amerikanischen Mission Europa zur militärischen Schwäche verurteilt.

Gerade als Alternative zu Amerika entfalten die europäischen Streitkräfte ihre Wirkung. Zu Angriffskriegen und Interventionen ohne UN-Mandat sind sie unfähig. Sie sind nicht bedrohlich. Sie kommen nirgendwohin als Sieger, die den Besiegten ihre Bedingungen auferlegen oder diktieren. Sie sind das Instrument der notwendigen militärischen Stärke, um in kritischen Regionen Stabilität zu garantieren, um zu verhindern, dass aus Krisen Kriege werden, und die Zeit zu schaffen, um den Frieden zu gewinnen. Die europäischen Streitkräfte wären damit letztlich Träger der europäischen Idee, Konflikte durch Vernunft und Verträge zu lösen.

Sie wären im Auftrag der Vereinten Nationen oder im Einverständnis mit den Betroffenen weltweit einsetzbar. Das wäre der militärisch gewichtige und wertvolle Beitrag des europäischen Globalplayer.

Die militärische Arbeitsteilung, die Amerika eingeführt hat, ist schon weit gehend verwirklicht. Eine europäische Armee wäre nur die Vollendung, die konsequente europäische Antwort. Ungleich bedeutender wäre die politische Arbeitsteilung.

Europa könnte sie zu seiner Doktrin entwickeln. Ihr Kern wäre friedliche Konfliktlösung durch Verträge, die durch alle beteiligten oder interessierten Staaten, möglichst auch die USA, garantiert werden. Präventive Diplomatie soll präventive Schläge unnötig machen. Das könnte auch bei massiven

Menschenrechtsverletzungen zu Regelungen führen, bevor die präventive Intervention gemäß der UN-Charta wirksam wird. Es wäre der Versuch, zu verhindern, dass Schurkenstaaten schurkisch handeln.

Eine solche Arbeitsteilung könnte Amerika bei einem positiven Ergebnis einen Krieg ersparen. Für den negativen Fall nähme sie Amerika nichts von seinen militärischen Fähigkeiten.

Die Chancen der Arbeitsteilung wachsen sogar durch ein Amerika, das jedem mit Präventivschlägen droht, den es zu einem Schurkenstaat erklärt. Die Chancen, Krisen durch vorsorgliche Diplomatie zu verhindern oder zu lösen, sind ziemlich groß in einer Welt, die überwiegend nicht aus Schurkenstaaten besteht.

Das Interesse Europas an einer Doktrin der Arbeitsteilung ist klar: Bei Spannungen schrumpft der Einfluss Europas, bei Konfrontation verringert sich sein Gewicht, bei Ausbruch offener Gewalt verschwindet es weit gehend. Krieg ist der Feind Europas. Amerika kann auf Kriegsgewinn setzen, Europa muss die Rolle des Militärischen verringern wollen.

Diese Arbeitsteilung ist das Gegenteil von Machtvergessenheit Europas. Sie kann sich auf die Erfahrung einer Entspannungspolitik stützen, die schon einmal durch Amerikas Macht gedeckt war. Sie ist der unverwechselbare europäische Beitrag, der die Methode vertragsgestützter Politik alternativ zur gewaltsamen Entwaffnung verdächtiger oder unzuverlässiger Staaten gegenüberstellt.

Sie wäre weder feige noch pazifistisch, sondern eine Doktrin, die der Vision von George Bush folgt, die der damalige Präsident nach der Befreiung Kuwaits formuliert hat: »Eine Welt, in der die Herrschaft des Rechts die Welt des Dschungels ablöst, eine Welt, in der die Starken die Rechte der Schwachen respektieren.«

Vorbeugende Arbeitsteilung gestattet schon als Begriff keine Amerikafeindlichkeit. Bei allen Unterschiedlichkeiten bleiben auf beiden Seiten des Atlantiks die gemeinsamen Wurzeln unserer Kultur prägend. Die gemeinsamen Werte sind lebendig wie die Würde des Menschen, der Pluralismus der Demokratie, die Freiheit, die auch die Toleranz für die Freiheit des Andersdenkenden einschließt. Es gibt keinen Grund zur Sorge, dass es im erweiterten Europa eine Mehrheit gegen die USA geben könnte.

Die Doktrin kann sich vor allem auf die Wirtschaftsverflechtung stützen. Sie ist in Jahrzehnten gewachsen und hat starke transatlantische Bindungen hergestellt. Relativ geräuschlos wurde eine gleiche Augenhöhe erreicht; die Europäer haben bewiesen, dass sie konkurrenzfähig nicht nur Flugzeuge und Autos herstellen können; zuweilen weiß man kaum, wem welche Firmen gehören und von wo sie gelenkt werden. Die Ökonomie zeigt sich ziemlich unanfällig gegen politische Querelen; sie bezieht Japan ein und folgt ihren Interessen schon in globalen Dimensionen. Die Wirtschaftsverflechtung ist fast zu einer soliden Voraussetzung für eine politische Arbeitsteilung geworden.

Die amerikanische Mission und die europäische Vision haben gemeinsam, dass beide eine Vorstellung davon haben, wie die Welt von morgen aussehen soll. Das verlangt neues Denken. Ohne Phantasie, die in die Zukunft greift, würde Politik zur Verwaltung oder zum Management der jeweils auftauchenden Probleme degenerieren.

Die europäische Vision muss durch die Energie deutlich werden, mit der globale Gefahren bekämpft werden. Europa sollte seine Fähigkeiten stärker auf die Komplexe der Umweltzerstörung und der Klimaerwärmung konzentrieren. Es sollte darüber hinaus zu einem verlässlichen Bundesgenossen der Dritten Welt werden, also für eine gerechte Globalisierung eintreten, die Armut bekämpfen, Projekte der Energieversorgung initiieren und dabei den Kampf gegen Aids, Drogen und für Entschuldung, für Alphabetisierung und für eine rechtsstaatliche Ordnung nicht vernachlässigen. Rechtsstaatlichkeit ist noch wichtiger als der Export unserer demokratischen Vorstellungen. Jedes Land kann sich nur im Rahmen seiner kulturellen Tradition entwickeln, die Europa respektieren muss.

Die Idee des Westens ist nicht das Monopol Amerikas. Die Idee des Westens kann sich auch europäisch verwirklichen, ohne Furcht zu erregen. In der alten Welt war die Einheit des Westens Priorität. Die Einheit des Westens wird schädlich, wenn die Welt sich einer geschlossenen Front unter amerikanischer Führung gegenübersieht. Die alte Welt verlangte Geschlossenheit der freiheitlich demokratischen Option gegen die alternative Option im Osten. In der neuen Welt wäre es verhängnisvoll, wenn die Welt des Islam ihre Geschlossenheit mit dem Argument der Furcht vor einem Amerika betreiben könnte, das ein hilfswilliges Europa als Hilfstruppe einsetzt.

Wenn der Westen alternative Modelle anbietet, eine unterschiedliche Verwirklichung freiheitlicher Demokratie, dann bietet das auch für die Welt des Islam alternative Reaktionsmöglichkeiten. Es war auffällig, wie erstaunt und leise ideologisch militante Teile des Islam auf die Entdeckung reagiert haben, dass Europa, ungeachtet unterschiedlicher Stellungnahmen seiner Regierungen, den Krieg gegen den Irak abgelehnt hat. Dabei soll der Papst nicht vergessen werden, dessen Mut und Weisheit auch gegen den Zusammenstoß der Kulturen gewirkt hat.

Ein selbstbestimmtes Europa wird für die USA unbequemer, aber wertvoller. Die Arbeitsteilung ist durch die Unterschiede der Stärke, der Fähigkeiten, der Ansprüche und der Interessen bedingt. Europa und Amerika ergänzen sich. Das ist der Sinn von Arbeitsteilung. Europa kann seinen Weg selbst bestimmen, wenn es will, wie Amerika das schon tut.

Der deutsche Weg nach vorn

Deutschland ist nun verantwortlich für sein Schicksal. Auf diese Verantwortung waren wir nicht vorbereitet.

Damit ist nicht die innere Einheit gemeint, die 1990 zur prioritären Aufgabe erklärt wurde. Sie ist auch nach 13 Jahren noch nicht erreicht. Die Arbeitslosigkeit ist wie der Zwang zu Reformen zu einem Problem für alle Deutschen geworden. Beide »Nöte« haben eine Vergleichbarkeit des Empfindens wachsen lassen. Der unvergleichbare Anpassungsdruck, dem die Menschen im Osten ausgesetzt waren, hat auch den Westen erreicht. Die – von DM umgerechnet – fast 1000 Milliarden Euro-Transferleistungen nach Osten seit 1991 haben das ganze Land von der wirtschaftlichen Spitzenstellung auf eine strukturelle Position im unteren Drittel der EU gesenkt. Naturkatastrophen haben Solidarität erleben lassen und Verständnis für die ungleich härtere Lage im Osten. Die Reaktion auf den Irak-Krieg war gesamtdeutsch.

Aus der Forderung: Wir sind ein Volk, ist bei dieser Gelegenheit fast selbstverständlich das Gefühl geworden: Wir sind es.

Das ist nicht gleichbedeutend mit einem ebenso selbstverständlichen Nationalgefühl. Dabei gab es Ähnlichkeiten während der Teilung: Der Eifer, mit dem die BRD die Besonderheiten ihres Verhältnisses zum anderen deutschen Staat suchte, war ein positiver Beweis des Willens zur Nation; der Eifer, mit dem die DDR die Abgrenzung betrieb, war ein negativer Beweis des Nationalbewusstseins. Noch in der Verrenkung dokumentierten beide: Keine Seite konnte der Nation entlaufen.

Die Ostdeutschen ordneten, gründlich und entschieden, die Nation der Solidarität des sozialistischen Lagers unter; die Westdeutschen wollten, gründlich und entschieden, die Last der Vergangenheit in der Integration Europas loswerden, jedenfalls eine Erleichterung des nationalen Marschgepäcks empfinden können. Aber da wollten die Partner sich nicht schon wieder von den Deutschen führen lassen.

Für viele Völker unseres Kontinents bildet die Nation den Kern ihrer Identität, den Organismus ihrer Freiheit. Nur langsam, widerwillig und vorsichtig bewegen sie sich in die Richtung der Supranationalität. Gerade diejenigen in unserem Land, die sich vor Singularisierung fürchten, müssten sich in die Richtung der Nationalität bewegen. Wer sich gegen die Nationalität sträubt, wählt die Einzigartigkeit. Nationalbewusstsein ist die europäische Normalität. Ein ähnlich normales Verhältnis zur Nation zu entwickeln ist fast eine Bringschuld der Deutschen.

Normal ist, dass jeder Staat seine Interessen vertritt und versucht, seine Ziele durchzusetzen, ohne sich von seiner Vergangenheit lähmen zu lassen. Unsere Geschichte können wir nicht loswerden. Man darf ihr nicht entkommen wollen, aber auch nicht ihr Gefangener werden. Die Deutschen müssen endlich die Abnormalität abschütteln, bei vielen Problemen von heute auf gestern zurückzuschauen und damit Lösungen für morgen zu erschweren. Natürlich ist die Einmaligkeit der industriellen Menschenvernichtung in Auschwitz untilgbar. Aber Auschwitz taugt weder für die Begründung unseres Engagements in Kosovo noch in Afghanistan. Wer Normalität fürchtet, weil er sich erinnert, was deutsche Normalität einmal gewesen ist, hängt an der Vergangenheit; er wird auch gegen seinen Willen zu ihrem Gefangenen. Wir müssen uns von der fast psychopathischen Last heilen, psychopathisches Leid zu kultivieren. Die Vergangenheit darf die Zukunft nicht behindern.

Der ehemalige Bundespräsident von Weizsäcker hat für ein großes Stück des deutschen Weges die treffende Formulierung gefunden, Deutschland sei von der Machtbesessenheit des Reiches zur Machtvergessenheit der alten Bundesrepublik gekommen. Wann denn sonst, wenn nicht jetzt, soll das verlässliche Gleichgewicht gewonnen werden? Der Weg jener unheilvollen Vergangenheit ist für immer verschüttet. Rückfall ausgeschlossen. Die Bundeswehr kann nicht im nationalen Interesse missbraucht werden. Ein solcher Missbrauch durch die starke Deutsche Mark ist durch den Euro ausgeschlossen. Wir brauchen keine Angst vor uns selbst zu haben.

Die Kritik, als Bundeskanzler Schröder zum ersten Mal die Vokabel »Normalität« benutzte, zeigte, wie stark Vergangenheitsabhängigkeit das Denken noch immer vergiftet. Normalität ist unentbehrlich, sie ist gleichbedeutend mit geistiger und politischer Gesundung. Europa kann erwarten, dass Deutschland endlich normal wird.

Eine Abart der Scheu vor Normalität ist die Angst vor Singularität. Als der Bundeskanzler zum ersten Mal vom deutschen Weg sprach, wiederholte sich reflexhaft die Sorge der Welt vor dem abschreckenden deutschen Weg aus der Vergangenheit. Und das eigene Land verstärkte sogar das Echo! Als ob es deutsches Schicksal bleiben müsste, uns die ewige Lernunfähigkeit selbst zu bescheinigen. Ich habe bedauert, dass Schröder den deutschen Weg schnell auf die Sozialpolitik verengte. Die ist zwar auch ein Modell unserer Singularität; wenn wir sie verlieren müssten, wären wir ärmer, nicht nur um eine Besonderheit.

Es ist an der Zeit, die Scheu vor dem deutschen Weg generell zu verlieren. Der französische Weg ist unverwechselbar. England und Polen scheuen sich nicht, ihren Weg zu gehen. Russland sucht ihn. Italien, die Niederlande oder Österreich definieren Merkmale ihres eigenen Weges. Alle europäischen Staaten sind auf die Besonderheiten ihres nationalen Weges stolz, von Amerika ganz zu schweigen. Nur die Deutschen fürchten, dass andere den deutschen Weg fürchten, der gar nicht mehr zu fürchten ist.

Wer aus Prinzip den deutschen Weg ablehnt, merkt gar nicht, dass wir uns im Prinzip zum Spielball der Interessen anderer machen. Die Welt der Völker besteht aus Singularitäten. Wir haben endlich die Chance, den neuen deutschen Weg mit Selbstvertrauen zu beschreiten.

Darauf waren wir kaum vorbereitet, unsere Partner auch nicht. Mit der völkerrechtlichen Souveränität, die Deutschland durch seine Einheit gewann, wurde uns nicht die Souveränität des Denkens verliehen. Sie ist gewöhnungsbedürftig. Die Erklärung dafür bedeutet auch eine Entschuldigung: 45 Jahre lang wurde insgesamt über die Deutschen verfügt. Zwei Generationen von Politikern, Wirtschaftlern, Publizisten, Wissenschaftlern, sogar Schriftsteller und die Normalverbraucher in Ost und West eingeschlossen, hatten sich daran gewöhnt, dass die großen Fragen von den Großen entschieden wurden. Natürlich ist es bequemer, sich hinter Mächtigeren zu verbergen, und einfacher, sich anzupassen.

Doch nun sind wir erwachsen, letztverantwortlich für unseren Weg, Fehler eingeschlossen. Die Volljährigkeit des Individuums heißt bei Staaten Souveränität. Die Emanzipation von den Eltern ist natürlich und führt nicht zu Feindschaft, so schmerzhaft sie zuweilen für beide Seiten ist. Bei Zeichen deutscher Eigenständigkeit zeigen sich auch Nachbarn irritiert. Warum sollten sie es leichter haben als wir, sich auf die neue Normalität einzustellen?

Die Mahnung des früheren Bundespräsidenten Roman Herzog aus dem Jahre 1995 ist noch immer angebracht: »Das Ende des Trittbrettfahrens ist erreicht.« Die Zeiten des bloßen »Mitagierens im Rahmen einer westlichen Bündnispolitik« sind vorüber. Doch immer noch gibt es Äußerungen, die das gewohnte Axiom der zuverlässigen deutschen transatlantischen Bindung zu einer deutschen Pflicht erheben, auch in Zukunft zuverlässig Amerika zu folgen. Die Forderung: Nie wieder ein deutscher Sonderweg, erklärt für unverantwortlich, einen anderen Weg als den gewohnten der letzten 40 Jahre zu gehen. Das verstärkt geradezu das amerikanische Gefühl der Entrüstung, die Deutschen seien unbotmäßig, aufsässig, unfreundlich und undankbar. Stattdessen sollte das Kindermädchen von gestern, das uns beschützt und geleitet hat, die deutsche Eigenständigkeit als erfreulichen Erziehungserfolg werten und sich sagen: Den natürlichen Lauf der Geschichte darf man nicht übel nehmen.

Europa kontrolliert sich selbst

Es gibt eine andere Seite desselben Themas. Es wäre ideal, sich nie zwischen dem mächtigsten Freund jenseits des Atlantiks und dem nächsten Freund an der Seine entscheiden zu müssen. Gerade das ist im Fall des Irak-Krieges geschehen. Überzeugung und Interesse geboten diese feste Haltung, wobei in Paris, Berlin und Moskau zunächst sehr vorsichtig beobachtet wurde, wie weit die gegenseitige Verlässlichkeit halten würde. Es war eine europäische Position. Sie wird kein Einzelfall bleiben. Der Nukleus einer europäischen Armee konnte von anderen auch nicht verhindert werden.

Es ist fast in Vergessenheit geraten, dass Adenauer und de Gaulle sich nicht von den Amerikanern und Engländern einschüchtern ließen, als es um den Elysée-Vertrag ging. »Verschwörung« hieß es in Washington. Die amerikanische und die britische Regierung würden dafür sorgen, dass Adenauer gestürzt wird, konnten Zeitungen berichten. Schon damals wurde bewiesen, dass europäische Eigenständigkeit atlantische Loyalität nicht verhindert.

Das braucht nicht so weit zu gehen, dass Deutschland dem französischen Beispiel folgt und die Organisation der NATO verlässt, aber im Bündnis bleibt. (Das hat bekanntlich Paris und Washington nicht gehindert, verlässlich und eng zusammenzuarbeiten.) Nachdenklich stimmt es schon, dass in Deutschland nicht diskutiert wurde, warum nicht alle früheren Besatzungsmächte oder später befreundeten Staaten ihre Truppen zurückziehen und ihre Stützpunkte räumen. In der Situation des Jahres 1991 erschien es allen Beteiligten selbstverständlich, den Zwang zum Wagnis der deutschen Einheit durch Kontrolle über Deutschland abzusichern. Ist das noch immer so, nach den Erfahrungen der zurückliegenden zwölf Jahre? Anders als früher wäre der amerikanische Abzug aus Deutschland, wenn er sich aus amerikanischen Interessen ergäbe, und die Verlegung ihrer Stützpunkte nach Osten keine Drohung mehr. Deutschland würde auch dann nicht mehr zu einer Bedrohung werden. Seine Bindung in der Allianz und in der Europäischen Union, zumal mit dem Ziel einer europäischen Armee, haben praktisch die Garantie der amerikanischen Kontrolle durch eine kollektive Selbstkontrolle ersetzt. Niemand, auch Frankreich nicht, stellt in Frage, dass die amerikanische Macht unerlässlich für die Sicherheitsstabilität in Europa bleibt und an ihren Strukturen wie dem NATO-Russland-Rat und der OSZE beteiligt bleiben muss.

Strategische Partnerschaft werden Beziehungen genannt, von denen Perspektiven für die Zukunft erwartet werden. Im Verhältnis zwischen Europa und Amerika gilt das ebenso wie für die erhoffte Intimität zwischen Deutschland und Frankreich. Seit Kohl und Gorbatschow zu Beginn der Deutschen Einheit den Freundschaftsvertrag zwischen Deutschland und der

Sowjetunion geschlossen haben, hat sich eine bemerkenswerte »Erhöhung« entwickelt. Schröder und Putin haben zu einer strategischen Partnerschaft ihrer Länder gefunden, die sich im Vorfeld des Irak-Krieges auch bewährt hat.

Russland wird wieder gebraucht. Es wurde nach dem 11. September von Amerika für den Krieg gegen den Terrorismus als unentbehrlicher Faktor erkannt. Es kann endlich im NATO-Russland-Rat, der nun zu einem entscheidungsfähigen Gremium von 20 Staaten geworden ist, gleichberechtigt mitwirken. Dort findet sogar eine stille Sensation statt: Die gemeinsame Einsatzfähigkeit amerikanischer und russischer Raketensysteme wird studiert. Ein Erfolg würde politisch ein wichtiges Strukturelement gesamteuropäischer Sicherheit schaffen. Russland ist in die Weltarena zurückgekehrt und gefragt bei den vielen regionalen Problemen von Korea über Zentralasien bis zum Mittleren Osten; sein Gas- und Ölreichtum und die transnationalen Exportwege dafür lassen sein Gewicht wachsen. Parallel zur Erholung der Wirtschaft hat sich in Moskau eine Elite entwickelt, die durchaus vergleichbar mit der in Washington, Paris oder London die außen- und sicherheitspolitischen Optionen ihres Landes öffentlich debattiert. Ausgehend von den Wertvorstellungen der atlantischen Zivilisation mit den beiden Polen Amerika und Europa sieht man für Russland eine historische Chance: Es könnte als geschichtlich und kulturell vornehmlich europäisches Land mit seiner »besonderen Chemie« für Amerika, die historisch, psychologisch und strategisch bedingt sei, eine transatlantische Brücke schlagen, politische Breschen füllen und Initiator gemeinsamen Handelns werden.

Bei einer solchen Sicht wird es umso wichtiger, dass Russland sich nicht von Europa abgedrängt fühlt, vernachlässigt wird und auf die Frage seiner Eliten, ob Russland in Europa willkommen sei, eine positive Antwort erhält. Hier wächst der deutschen Politik eine wichtige Aufgabe zu. Für sie könnte auch eine »besondere Chemie« dienstbar gemacht werden. Gerade weil Europa und Russland wissen, dass es eine Illusion wäre, sie könnten ein Gegengewicht zu den USA sein oder werden, gerade weil der alte Kontinent, zu dem Russland gehört, echte Partnerschaft mit Amerika will, könnte Deutschland initiativ und aktiv werden: Die transatlantischen Beziehungen lassen sich mit dem Interesse harmonisieren, Russlands Bindungen an Europa zu einer strategischen Qualität zu verdichten. Ein wesenloses Schemen aus grauer Vorzeit ist die abschreckende Erinnerung an das letzte Jahrhundert geworden; der deutsche Weg liegt vor uns, vor dem sich niemand mehr fürchten muss, auch die Deutschen nicht.

Stolz auf die deutsche Singularität

Es gibt einen Punkt, wo eine übrig gebliebene deutsche Singularität oder Isolierung, ein Einzelgängertum oder wie immer die Liebhaber des Rudelverhaltens das nennen, keinesfalls verschwinden darf. Als die Bundesrepublik das Grundgesetz änderte, um die Bundeswehr aufstellen zu können, wurde eine Formulierung beschlossen, über die gar nicht debattiert wurde. Sie verbot die deutsche Teilnahme an einem Angriffskrieg. Das entsprach der unbezweifelten Gewissheit, dass die NATO nur zur Verteidigung aktiv wird. Als das Grundgesetz zur deutschen Verfassung wurde, blieb der Artikel 26 unverändert, ohne Diskussion. Niemand konnte sich vorstellen, dass die USA einmal für sich das Recht auf Krieg ohne Mandat der UN beanspruchen würden. Das wäre nach international gültigem Recht ein Angriffskrieg. Niemand konnte sich vorstellen, dass Deutschland von den USA gefragt werden könnte, daran teilzunehmen. Eine Teilnahme ist uns verboten. Der Bundeskanzler, der dazu ja gesagt hätte, hätte Verfassungsbruch begangen. Man hätte ihn des Amts entheben müssen.

Ich kenne kein europäisches Land mit einer vergleichbaren Vorschrift. Sie ist das Relikt aus einer Zeit, in der man jede Befürchtung einer deutschen Bedrohung ganz sicher ausschließen wollte. Hier hat die Vergangenheit eine brisante Aktualität gewonnen.

Wenn Deutschland auf diesem Sektor wie die anderen europäischen Staaten werden wollte, müsste die Verfassung geändert werden. Die notwendige Zweidrittelmehrheit wird es nicht geben. Deutschland kann stolz auf diese Singularität sein und sehr gut mit ihr leben.

Sie könnte sogar zu einem unverwechselbaren Markenzeichen werden, von dem aus das Konzept der deutschen Außen- und Sicherheitspolitik entwickelt wird. Mit dem Gebot der Verfassung verbietet sich automatisch, dass Deutschland sich einer Denkschule anschließt, die Europa vor der Alternative sieht, Amerika einzuschränken oder zu unterstützen. Peter Mandelsohn, Vertrauter Tony Blairs, hat das im Mai 2003 in Berlin vor der Königswinterkonferenz in der wohltuenden Offenheit dargelegt, die in dieser deutsch-englischen Zusammenkunft Tradition hat. Da Amerika weder zu blockieren noch einzuschränken ist, wie die Welt, auch England, gelernt hat, bleibt nur die Unterstützung. Er berief sich auf Blairs »Doktrin für eine internationale Gemeinschaft«, nach der es zu einer ethischen Pflicht wird, »mehr und nicht weniger zu intervenieren«. Nun kann man darüber streiten, ob auch im Falle kleiner Risiken gegen mögliche große Gefahren durch Massenvernichtungsmittel »vorsorgliche Schläge« ethisch geboten sind, ob das Interesse an gewaltsamer Vorbeugung, sprich Krieg, reicht, um geschriebenes Völkerrecht zu brechen. Aber dieser Weg ist Deutschland versperrt. Right or wrong – my Country with the USA, das kann England sagen, Deutschland nicht. Auch in Zukunft wird jeder Bundeskanzler auf die Verfassung vereidigt werden und nicht auf die der USA, den NATO-Vertrag und nicht einmal auf die UNO-Charta oder die künftige Verfassung der EU. Die vitalen Interessen, die uns mit diesen internationalen Faktoren verbinden, gestatten nicht und verlangen nicht, die Verfassung zu ignorieren.

Diesem fundamentalen Gesetz unterliegt jede deutsche Regierung, solange der Artikel 26 nicht geändert wird. Es begrenzt und öffnet Möglichkeiten deutscher Außen- und Sicherheitspolitik. Es begrenzt ein Verhalten der Opportunität, der Zweckmäßigkeit, vielleicht sogar der Bequemlichkeit; es öffnet die Sicht auf unbedingte Verlässlichkeit und Berechenbarkeit: Deutschland wird sich an keiner militärischen Aktion beteiligen, auch nicht an solchen der NATO, die nicht durch ein Mandat der UN legitimiert ist. Diese Berechenbarkeit gestattet deutsche Initiativen zu Abrüstung und Aufrüstung.

Auf dem Gebiet der Abrüstung sollte eine deutsche Tradition belebt werden, die nicht nur für die europäische Ebene weitere Reduktionen nicht mehr benötigter Waffensysteme vorschlägt; Berlin sollte auch versuchen, den Unsinn zu beseitigen, dass NATO und Russland sich mit dem Ersteinsatz atomarer Waffen bedrohen. Das ist ein Fossil aus dem vergangenen Kalten Krieg, das nicht mehr in unsere Welt passt.

Außerdem könnte es nicht schaden, wenn Amerika mit der Verringerung seiner Streitkräfte in Deutschland die Atombomben abzieht, die noch immer hier lagern. Sie haben den Sinn verloren, der ihnen in einer vergangenen Welt militärisch zugemessen war.

Gleichzeitig steht die Welt vor einer Aufrüstungswelle, die durch die unprovozierte amerikanische Aufrüstung ausgelöst worden ist. Die europäischen Streitkräfte können sich ihr umso weniger entziehen, als sie umrüsten und modernisieren müssten, selbst wenn sie nur für die Aufgaben »tauglich« bleiben oder werden wollen, die sie sich selbst vornehmen.

Die Reform der Bundeswehr kommt fast einem Neuaufbau gleich. Die schweren Panzerverbände haben ihre Abschreckungsaufgabe erfüllt. Die in einer neuen Weltlage erforderliche Mobilität verlangt eine Modernisierung, die ehrlicherweise Aufrüstung genannt werden muss. Zur Kostensenkung sind deutsche Vorschläge denkbar, die von der möglichst weit gehenden Integration der europäischen Rüstung bis zur Integration von Seestreitkräften beziehungsweise wachsender Arbeitsteilung von Luft- und Landverbänden gehen können. Hoffentlich wird die allmähliche Singularisierung der Bundeswehr, auf den Resten der allgemeinen Wehrpflicht zu bestehen, dafür kein finanzielles Hindernis.

Die Berechenbarkeit, die sich auf den Artikel 26 stützt, erlaubt auch, ohne sich Missverständnissen auszusetzen, eine deutsche Initiative zu einer Vereinbarung über Präventionen, die der Sicherheitsrat seit 1992 zur obersten Maxime moderner Politik erklärt hat. Eine Regelung gegen die unbestreitbar gewachsenen Gefahren durch Terrorismus und die Verbreitung von Massenvernichtungsmitteln ist dringlich, damit militärische Vorbeugung nicht zu einem neuen Gewohnheitsvölkerrecht wird (siehe Seite 98). Tatsache und Wirkung dieser Singularität durch Artikel 26 sind zu wenig bekannt. Sogar im eigenen Land gibt es gelehrte Analysen und besorgte Empfehlungen zur Reparatur des transatlantischen Verhältnisses, in denen diese Besonderheit gar nicht erwähnt wird. Die Amerika-Beflissenheit bei uns wird in Frankreich Kollaboration genannt und unter dem Gesichtspunkt erörtert, wie man am lukrativsten kapitulieren kann. Im Ausland ist der Artikel 26 unserer Verfassung fast unbekannt. Seine Kenntnis würde uns vor manchen Vorwürfen und Verdächtigungen bewahren, vor allem verhindern, dass Wünsche und Erwartungen geäußert werden, die eine Zumutung darstellen: das Ansinnen nämlich, die Verfassung zu brechen.

Die Frage, warum die Bundesregierung sich nicht lautstark auf den Artikel 26 berufen hat, ist – noch einmal: offen gesagt – einfach zu beantworten. Der Artikel verbietet nicht nur das Führen eines Angriffskriegs, sondern auch, ihn »vorzubereiten«. Es gibt Rechtsgutachten, nach denen Überflugrechte und Nutzung der amerikanischen Stützpunkte unter den Begriff der Vorbereitung fallen könnten. Aber eine derartige Diskussion im schon belasteten Verhältnis zu Washington musste umso mehr vermieden werden, als damit der Gesamtkomplex der amerikanischen Stützpunkte aufgeworfen worden wäre. Das konnte und kann auch weiterhin nicht im deutschen Interesse liegen. Politisch war immer klar, dass Deutschland sich nicht aktiv am Krieg gegen den Irak beteiligen wird. Aber es ist eben ein Unterschied, ob man etwas geschehen lässt oder ob man dem Verbündeten in den Arm fällt und einen von ihm beschlossenen Schlag erschwert. Falls Amerika aus eigenem Interesse Truppen und Stützpunkte bei uns verdünnen oder auflösen will, braucht uns das weder aufzuregen noch zu beunruhigen.

Der deutsche Weg, wie er durch Artikel 26 vorgeschrieben wird, verschafft zusätzliche Klarheiten. Die Warnung, wir müssten verhindern, dass England »abschwimmt« in Richtung USA, geht ins Leere. Zum einen, weil es sich kaum aufhalten lassen wird, zum anderen wäre es ganz sinnlos, mitschwimmen zu wollen; denn die Konsequenz, die Beteiligung an mehr Interventionen ohne völkerrechtliche Deckung, könnten wir nicht mitmachen. England wird eines Tages entscheiden, ob es sich Europa anschließen will, was man nur wünschen kann, oder ob es sich ausschließt. Dann wohl leider auch von dem Projekt, das es 1998 zusammen mit Frankreich vorgeschlagen hat: die Entwicklung zu einer Sicherheits- und Verteidigungsunion.

Der Ansatz zu einer europäischen Armee, den Frankreich, Luxemburg, Belgien und Deutschland gefunden haben, sollte systematisch weiterentwickelt werden, nicht nur in der Qualität der Integration ihrer Streitkräfte, sondern auch in der Perspektive, dass er Ländern wie Schweden, Finnland und Österreich, die nicht der NATO beitreten wollen, Möglichkeiten einer engeren Bindung geben könnte.

Dieser Ansatz ist die Konsequenz einer nüchternen Analyse: Europa muss stärker werden, um dem eigenen Anspruch genügen zu können, eine Stabilitätsmacht zu werden. Die Ausweitung der EU wird die Unterschiede deutlicher machen zwischen den Euro-Ländern und jenen Staaten, die noch Jahre brauchen werden, bevor sie dem Gebiet der Währungsunion angehören können, sofern sie, siehe England, es wollen. Unterschiedliche Geschwindigkeiten sind schon Realität. Sie dürfen nicht zur Selbstlähmung Europas werden. Sofern kein Vertrag verletzt und Organe der Gemeinschaft nicht geschwächt werden, liegt es geradezu im Interesse Europas, wenn die Länder, die eine schnellere Handlungsfähigkeit Europas erreichen wollen, ihre Energien bündeln. Es könnte sein, dass jener Prozess, der wirtschaftspolitisch mit dem qualitativ neuen Zusammenwirken der sechs Gründungsmitglieder 1950 begonnen und heute zu 25 Mitgliedern geführt hat, noch einmal beginnt, und eine ähnliche Anziehungskraft diesmal auf dem Gebiet der politischen und militärischen Identität entwickelt.

Damals ging es um die wirtschaftliche Unterstützung einer notwendigen Verteidigungsbereitschaft gegen eine potentielle Bedrohung; heute geht es um politische Selbstbestimmung angesichts einer nicht immer wohl wollenden Hegemonial-Herausforderung. Was damals europäische Bewegung hieß, war militärisch durch die geschlossene NATO gedeckt; heute »ist die NATO nicht mehr gefährlich«, wie Russland erkannt hat, und Europa sucht seine eigenbestimmte Verteidigung. Die damaligen Gegebenheiten sind mit den Aufgaben der neuen Welt nicht mehr vergleichbar. Übrigens dank der Schutzmacht, die es heute so schwer findet, das Mündel in die Unabhängigkeit zu entlassen, die es für sich selbst in Anspruch nimmt.

Gleich geblieben ist eine fundamentale Erkenntnis: Wenn die Deutschen und die Franzosen sich nicht einigen, kann sich Europa nicht einigen. Was damals für die Entwicklung der europäischen Wirtschaftsgemeinschaft richtig war, gilt heute für die Entwicklung der europäischen Selbstbestimmung.

Aber beide können das nicht allein. Sie müssen Verbündete für eine Vision Europas gewinnen, das neben und nicht gegen Amerika Arbeitsteilung und Partnerschaft praktiziert. Die Osteuropäer sind dafür unentbehrlich. Das gilt besonders für Polen mit seinem gewachsenen Selbstbewusstsein. Es besteht eine gute Chance, dass diese Länder, die ihre lang entbehrte Unabhängigkeit gewonnen haben, sich nicht zu Interessenvertretern Amerikas machen lassen werden. Nicht nur, weil für das tägliche Leben die europäische Union wichtiger ist als die NATO, sondern weil eben auch die so genannten »neuen Europäer« Europäer sind. Die Identität des Gefühls haben sie genauso sichtbar gemacht wie die alten Europäer, unabhängig wie ihre Regierungen zum Irak-Krieg standen. Mehr Europa und transatlantische Verbundenheit schließen sich nicht aus.

Berlin könnte sich große Verdienste erwerben, wenn es die »Kleinen« und die »Neuen« besonders pflegt. Nicht nur Verständnis haben, sondern auch praktisch zeigen, ist eine Haltung, die in der deutschen Politik ständig erkennbar bleiben sollte.

Europa sollte keinen Streit mit Amerika suchen. Dieser Maxime werden auch die Osteuropäer zustimmen. Sie beantwortet allerdings noch nicht die Frage, wie Europa sich verhalten soll, wenn Amerika den Streit Europa aufzwingt.

Schließlich liegt es sogar eher im Bereich des Wahrscheinlichen als des Möglichen, dass Amerika wie im Fall Irak auch bei den nächsten Etappen seiner Agenda, angefangen vielleicht beim Iran, Europa vor die gleichen Entscheidungen stellt. Da würde dann die asiatische Weisheit des vietnamesischen Regierungschefs Phan Van Khai wenig helfen, der zum Thema einer Kompensation für die unzähligen Opfer amerikanischer chemischer Waffen erklärt hat: »Die Spätfolgen von ›Agent Orange‹ stellen eine außergewöhnliche Last für Vietnam dar. Diese Frage wird uns noch mehrere Generationen beschäftigen. Aber um die Zukunft der Beziehungen zwischen unseren Ländern nicht zu gefährden, haben wir die Frage so vorgetragen, dass sie auf beiden Seiten akzeptiert werden kann.«

Mit amerikanischer Rücksicht kann nicht gerechnet werden, nachdem Washington innerhalb weniger Monate gleichzeitig die UN, die EU und die NATO beschädigt hat. So mächtig war Schröder nie, auch nicht zusammen mit Chirac und Putin, nicht einmal mit der Hilfe des Papstes. Die amerikanische Mission kann die europäische Vision zerstören. Zu einer Entscheidung von geschichtlicher Dimension kann Amerika Europa zwingen: der Weltführungsmacht oder dem Weltordnungssystem folgen.

Wie wird die Entscheidung ausfallen? Sie reicht viel weiter als die methodische Berufung, dass Konflikt zur Demokratie gehört und die Idee des Westens eine Kultur des Streits einschließt. Die Position: Wer nicht für mich ist, ist gegen mich, verlangt die Weigerung, sich dieser Behauptung zu unterwerfen. Sie ist falsch. Wir haben nicht zwischen Unterwerfung und Feindschaft zu wählen. Gerade die Weigerung, sich auf den Boden eines Todschlagarguments zu stellen, ist die negative Voraussetzung des positiven Ziels, Amerika für die Auffassung zu gewinnen, dass es zwei westliche Modelle der Lebensform und der Politik gibt, dass Arbeitsteilung für beide lohnt. Mit der Arbeitsteilung wahrt Europa seine Seele, seine Würde, seine Identität.

Jede europäische Regierung wird ihre Entscheidung, wenn sie uns insgesamt nicht erspart wird, selbst treffen. Die deutsche Entscheidung wird von besonderem Gewicht sein. Viele Länder werden auf Deutschland sehen und möglicherweise warten, wie Berlin votiert. Wir werden uns hinter niemandem verstecken können. Der Blick in die Vergangenheit wird uns keinen Ratschlag geben. Dass von unserem Votum die europäische Entscheidung abhängt, ist nicht auszuschließen. Die deutsche Verantwortung ist groß geworden, so begrenzt sie global bleibt. Im Extremfall ist nicht einmal auszuschließen, dass der Artikel 26 Deutschland singularisiert.

Von einer Sonderrolle bis zu einer führenden Rolle reicht die Skala. Der deutsche Weg hat dahin geführt, dass unsere Verfassung dem Völkerrecht entspricht. Dieser Weg verlangt und gestattet nun ein Deutschland im Dienste Europas, das seine Interessen als normaler Staat verfolgt und seine Zukunft nicht von der Vergangenheit behindern lässt: Die europäische Zukunft ist wichtiger als die deutsche Vergangenheit.

Namensregister